오버록 미싱으로 간편하게 만드는

우리 아이
예쁜 옷 만들기

후쿠나가 시즈 저 , 이연심 역

YoungJin.com Y.
영진닷컴

Muni No Lock Mishin De Tsukuru Kodomo Fuku (NV80504)
Copyright ⓒ Shizu Fukunaga / NIHON VOGUE-SHA 2016
Photographer : Yukari Shirai, Noriaki Moriya, Yuki Morimura
First Published in Japan in 2016 by Nihon Vogue Co., Ltd.
Korean translation rights arranged with Nihon Vogue Co., Ltd.
through Shinwon Agency Co.
Korean translation rights ⓒ 2020 by YoungJin.com INC

독자님의 의견을 받습니다
이 책을 구입한 독자님은 영진닷컴의 가장 중요한 비평가이자 조언가입니다. 저희 책의 장점과 문제점이 무엇인지, 어떤 책이 출판되기를 바라는지, 책을 더욱 알차게 꾸밀 수 있는 아이디어가 있으면 팩스나 이메일, 또는 우편으로 연락주시기 바랍니다. 의견을 주실 때에는 책 제목 및 독자님의 성함과 연락처(전화번호나 이메일)를 꼭 남겨 주시기 바랍니다. 독자님의 의견에 대해 바로 답변을 드리고, 또 독자님의 의견을 다음 책에 충분히 반영하도록 늘 노력하겠습니다.

ISBN 978-89-314-5680-6

등   록 : 2007. 4. 27. 제16-4189호
이메일 : support@youngjin.com
주   소 : 서울시 금천구 가산디지털2로 123 월드메르디앙벤처센터2차 10층 1016호 (우)08505

파본이나 잘못된 도서는 구입하신 곳에서 교환해 드립니다.

STAFF
저자 후쿠나가 시즈 | **번역** 이연심 | **총괄** 김태경 | **기획** 정소현 | **디자인** 임정원
영업 박준용, 임용수 | **마케팅** 이승희, 김다혜, 김근주, 조민영 | **제작** 황장협 | **인쇄** 제이엠인쇄

머리말

오버록 미싱은 재봉과 오버록이 동시에 가능해 매우 편리하고 빠르게 미싱을 즐길 수 있습니다. 바늘과 실이 루퍼 실에서 솔기를 만들어 마치 기성품처럼 마무리가 되고, 신축성 좋은 니트 원단에도 매우 적합합니다. 또, 포백과 같은 원단으로도 견고하게 만들고 싶은 바지의 가장자리를 확실하게 마무리 할 수 있어 딱입니다.

이 책에서는 4본사 2본침 오버록 미싱의 특성을 효과적으로 사용하고 있으며 때로는, 직선 재봉도 사용하여 티셔츠, 원피스, 바지, 풀오버, 가디건 등 1년 내내 입을 수 있는 세련된 아이템들을 소개합니다. 좋아하는 디자인을 골라 아이들의 데일리 아이템들을 꼭 만들어 주세요.

후쿠나가 시즈

CONTENTS

사이즈는 아이용 100~140사이즈
(일부 90사이즈도 있음)
성인 S·M·L 사이즈

TOPS

Pattern 1 (90사이즈 포함)

*01 배색 반팔 티셔츠 p.14 / 24·52

*02 배색 긴팔 티셔츠 p.15 / 24·52

*03 줄무늬 긴팔 티셔츠 p.15 / 24·52

Pattern 2

*05 하늘하늘 레이스 티셔츠 p.16 / 54

*06 하늘하늘 프린트 티셔츠 p.16 / 54

*07 성인용 하늘하늘 티셔츠 p.17 / 54

Pattern 3 (90사이즈 포함)

*08 퍼프 소매 반팔 티셔츠 p.18 / 27·53

*09 퍼프 소매 긴팔 티셔츠 p.19 / 27·53

Pattern 5

*12 핑크 빅 티셔츠 p.21 / 58

*14 울 빅 티셔츠 p.21 / 58

Pattern 6

*13 하이백 캐미솔 p.21 / 60

*21 레이스 캐미솔 p.32 / 60

Pattern 7

*15 보트넥 반팔 티셔츠 p.22 / 62

*16 보트넥 6부 티셔츠 p.23 / 62

*17 성인용 보트넥 티셔츠 p.23 / 62

Pattern 11

*26 배색 풀오버 p.38 / 71

*27 슬랫 풀오버 p.39 / 71

*28 슬랫 파카 p.39 / 71

ONE PIECE

Pattern 4 (90사이즈 포함)

*10 내추럴 리본 원피스 p.20 / 56

*11 사과 무늬 리본 원피스 p.20 / 56

BOTTOMS

Pattern 8

*18
리본
서큘러 큐롯
p.30 / 36·64

*19
물방울 무늬
서큘러 큐롯
p.30 / 36·64

*20
성인용
서큘러 큐롯
p.31 / 36·64

Pattern 9

*22
데님 니트 주름 스키니
p.32 / 66

*23
카모플라쥬 주름 스키니
p.33 / 66

Pattern 10

*04
치노 팬츠
p.15 / 68

*24
보이프랜드 데님 팬츠
p.34 / 68

*25
데님 숏 팬츠
p.35 / 68

Pattern 12 (90사이즈 포함)

*29
치마 레깅스
p.40 / 74

*30
주름 치마 레깅스
p.41 / 74

Pattern 13

*31
페이크 레이어드 팬츠
p.42 / 46·76

*32
니트 팬츠
p.43 / 46·76

OUTER

Pattern 14

*33
후드 코트
p.44 / 77

*34
성인용 후드 코트
p.44 / 77

*35
롱 가디건
p.45 / 77

*36
성인용 롱 가디건
p.45 / 77

사진으로 이해하기 쉬운 과정

Pattern 1   p.24
Pattern 3   p.27
Pattern 8   p.36
Pattern 13   p.46

오버록 미싱의 기초   p.6
소잉의 기초   p.49
How to make   p.52

※ 본 도서에 게재되어 있는 작품의 복제품 판매를 금지합니다.

오버록 미싱의 기초 First Lesson

오버록 미싱은 오버록과 봉합이 동시에 가능해 편리한 미싱이다.
일반 가정용 미싱에서는 1개의 바늘로 윗 실과 아랫 실을 사용해 봉합하지만,
오버록 미싱은 바늘의 개수(1개나 2개)와 실의 개수(2~4개)가 교차하며 봉합하는 것이다.
또한, 신축성 있는 니트 등의 소재를 봉합할 때 알맞고, 오버록 미싱을 사용하면 작품의 폭도 훨씬 넓어질 수 있다.

오버록 미싱의 각 부분 명칭

직선 미싱과는 다른 오버록 미싱의 각 부분에 대해 설명한다.

실이 4개인 오버록 미싱에는 왼쪽 바늘과 오른쪽 바늘 총 2개의 바늘이 있다.

4본사 오버록에는 2개의 바늘 이외에도, 윗 루퍼 실과 아래 루퍼 실을 통과하는 부분과 원단을 자르는 칼날이 붙어 있다.

오버록 미싱의 봉합 방법

봉합 방법은 크게 나눠 가장자리를 처리하는 [오버록]과 원단 끝을 안쪽으로 말아 감듯 처리하는 [인터록]이 있다.

★ 오버록

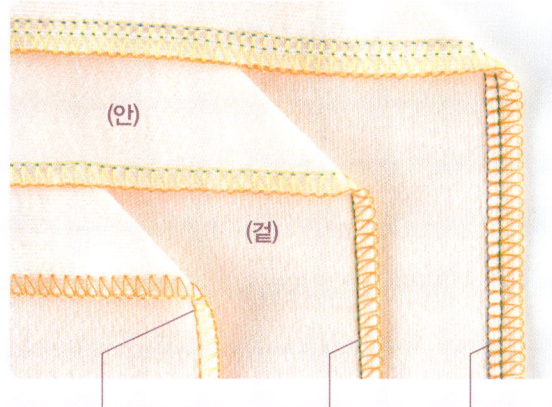

1본침 2본사
간단한 가장자리나 장식을 봉합할 때 사용

1본침 3본사
가장자리나 봉합에 사용

2본침 4본사
두꺼운 가장자리나 확실하게 봉합할 때 사용

★ 인터록

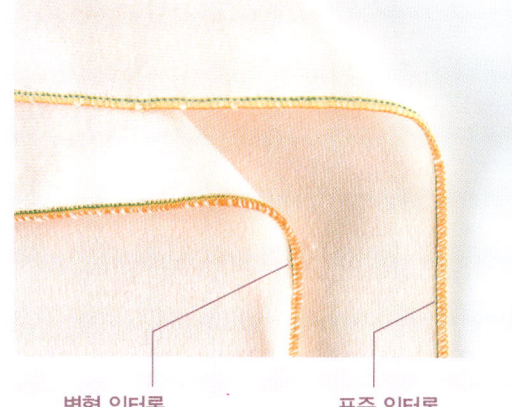

변형 인터록
장식이나 가장자리에 적합

표준 인터록
옷감이 얇아 올이 풀리기 쉬운 원단 처리에 적합

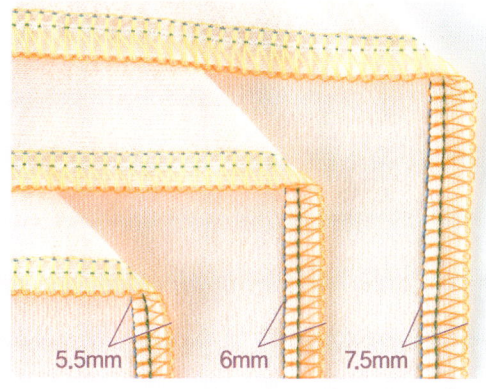

Point 1
땀 폭을 조절할 수 있다.

땀 폭 조절 다이얼로 봉제선의 좌우 폭(땀 폭)을 바꿔 봉합할 수 있다. 보통 두꺼운 천은 땀 폭을 넓게, 얇은 천은 좁게 잡는다.

땀 폭 다이얼
2본사로 봉합할 경우에는 땀 폭 다이얼의 큰 숫자에 맞춰서, 1본사의 경우에는 작은 수에 맞춰서 한다.

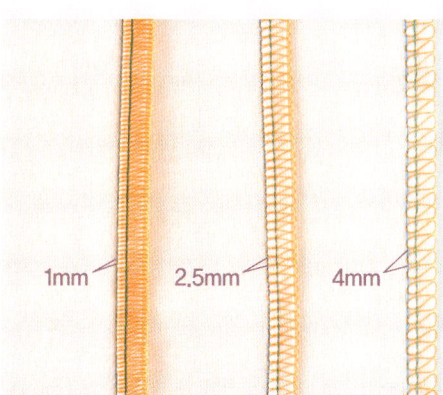

Point 2
땀 길이를 조절할 수 있다.

땀 수 조절 다이얼로 땀의 굵기(옷 솔기와 솔기의 간격)를 조절할 수 있다. 숫자가 작은 쪽은 땀이 촘촘해지고, 숫자가 커지면 땀이 넓어진다.

땀 길이 다이얼
일반 오버록에서 인터록으로 바꿀 때 이 다이얼을 사용한다.

편리한 기능

오버록 미싱은 늘어나기 쉬운 옷감이나 바느질할 때 주름이 지기 쉬운 옷감도 조정하면서 재봉할 수 있다.

★ 차동 레버

차동 레버는 솔기를 늘이거나 줄이거나 조정할 수 있는 기능이다. 기본을 [N]이라고 한다면, 늘어나기 쉬운 소재에는 차동 조절을 높이고, 수축하기 쉬운 소재는 차동 조절을 낮춰 조정한다.

그대로라면 늘어나기 쉬운 소재가... ✕

차동 레버 조절로 깔끔하게! ◯

줄어들면서 재봉

당겨지면서 재봉

커브가 있는 옷자락 가장자리에

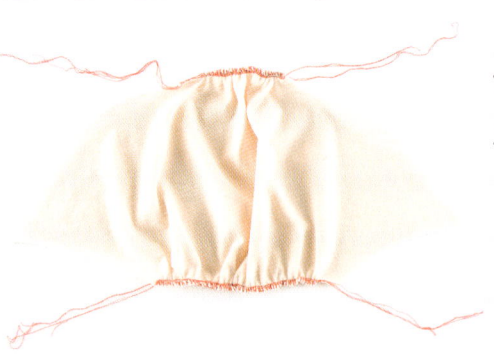

주름을 잡고 싶은 소매에

★ 칼날

오버록 미싱에서는 칼날이 원단 끝을 자르면서 봉합하는 기능이 있다. 자르고 싶지 않을 때에나 장식 봉합 등의 경우에는 칼날을 고정(LOCK)하고 쓴다.

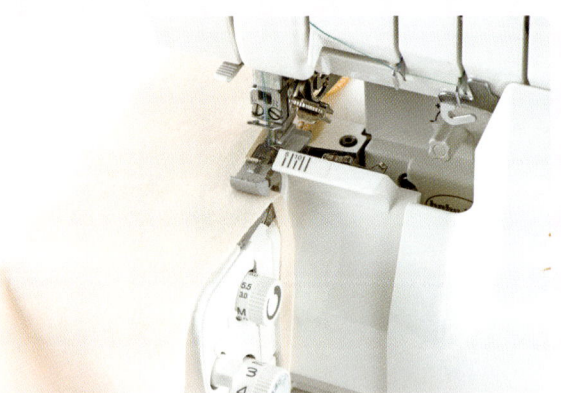

칼날 고정 손잡이
칼날 고정 손잡이를 고정(LOCK)으로 하는 것으로 원단을 자르지 않고 봉합할 수 있다.

부분 봉제

오버록 미싱이라면 알고만 있어도 편리한 방법을 소개한다.

★ 내각 커브

니트 옷감의 경우 차동을 N에 세팅한다. 늘어나지 않는 원단의 경우에는 0.8에 세팅한다.

옷감이 말려 들어가지 않도록 손으로 가볍게 잡고 직선이 되도록 펴주면서 봉합한다.

★ 외각 커브

차동을 1.3에 세팅한다.

옷감이 바늘에서부터 빠지지 않도록, 손으로 옷감 끝을 칼날 가장자리에 맞도록 대고 봉합한다.

★ 병풍접이식 봉합

소매와 밑단 등의 처리에 편리하다. 반드시 칼날은 고정(LOCK)으로 봉합한다.

❶ 옷감을 원하는 만큼의 폭으로 사진처럼 병풍 형태로 꺾어 접는다.

❷ 칼날을 고정(LOCK)하고, 옷감을 칼날의 가장자리에 맞춰 봉한다.

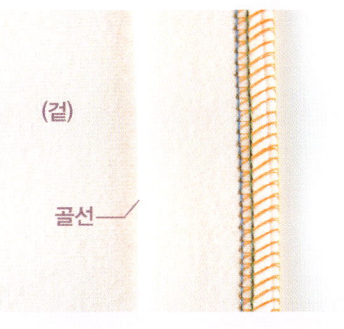

❸ 봉합한 곳을 확인한다.

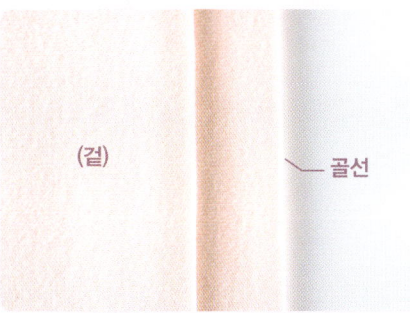

❹ 솔기를 열어, 겉에서 다리미질을 한다.

★ **골선이 되는 부분** 소매나 밑단 등 골선이 있는 부분을 깔끔하게 봉합하는 방법이다. 시작하는 부분과 끝나는 부분을 주의한다.

❶ 소매나 밑단 등 골선으로 된 천이다.

❷ 체인 스티치를 조금 봉합하고 노루발과 바늘을 올려 천을 노루발 아래에 똑바로 놓는다.

❸ 한 바퀴 빙 둘러 봉합하고 처음 체인 고리를 칼날로 잘라 한 번 멈춰준다.

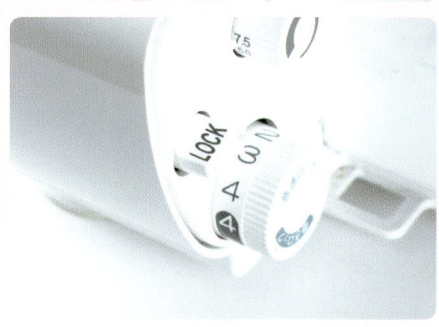

❹ 칼날을 고정(LOCK)하고, 계속해서 2~3cm 봉합한다.

❺ 노루발을 올려, 천과 90도 회전시켜준다.

— 체인 고리

❻ 체인 스티치 고리를 10cm 정도 만들어 재봉틀을 멈추고, 실을 잘라준다.

* 체인 고리란 … 재봉을 시작할 때에 옷감을 넣지 않고 재봉틀을 움직여, 공재봉하는 것이다.

O

똑바로 깨끗하게 봉합이 끝난 것

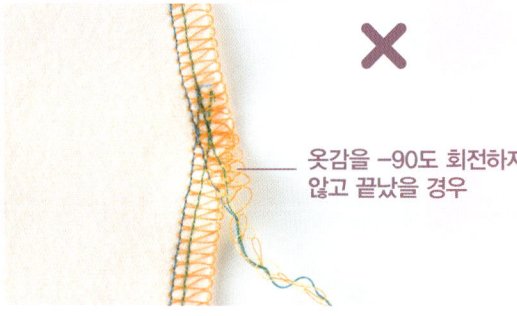

X

옷감을 -90도 회전하지 않고 끝났을 경우

실 마무리 짓는 방법

파츠가 바느질이 겹쳐지지 않는 부분은 실 매듭 처리를 해준다.

  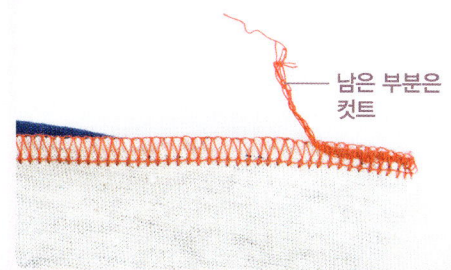

남은 부분은 컷트

① 바느질이 끝나는 체인 고리를 5~6cm내서, 바늘에 꿰어준다.
② 원단 가장자리부터 솔기의 몇 cm를 바늘을 통과시킨다.
③ 남은 실은 잘라준다.

실 뜯는 방법

오버록 미싱의 실밥은 요령만 알면 간단히 풀 수 있다.

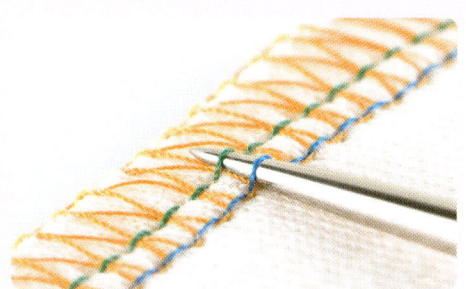 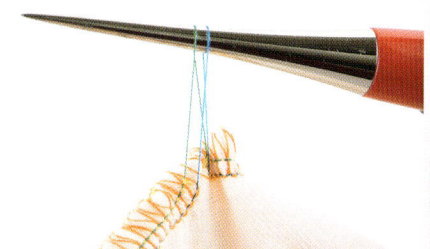 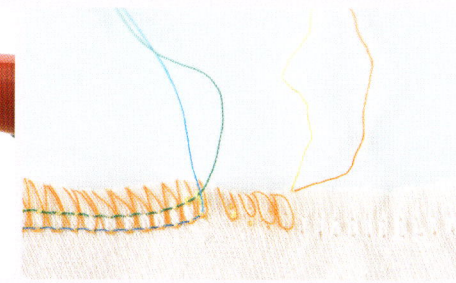

① 먼저, 풀고 싶은 곳의 실 2줄에 송곳을 넣는다.
② 송곳으로 뽑아내, 실을 잘라준다.
③ 실이 뽑아진 부분에 루퍼 실을 당겨 간단히 풀어준다.

그 외 추천 미싱

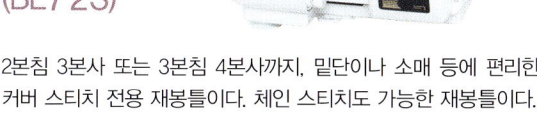

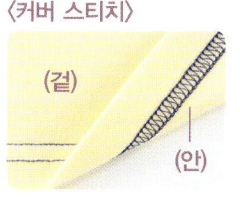
〈커버 스티치〉
(겉)
(안)

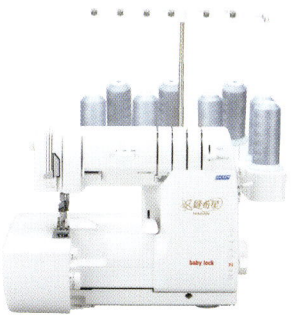

주키 베이비락 (BL72S)

2본침 3본사 또는 3본침 4본사까지, 밑단이나 소매 등에 편리한 커버 스티치 전용 재봉틀이다. 체인 스티치도 가능한 재봉틀이다.

주키 베이비락 (BL86WJ)

5본침부터 최대 8본사까지 사용 가능한 최상급 모델. 오버록, 커버 스티치, 체인 스티치, 인터록 등등 다양한 스티치를 이 1대로 즐길 수 있다.

오버록에 사용되는 도구

오버록에 사용될 바느질에 편리한 도구를 소개한다.

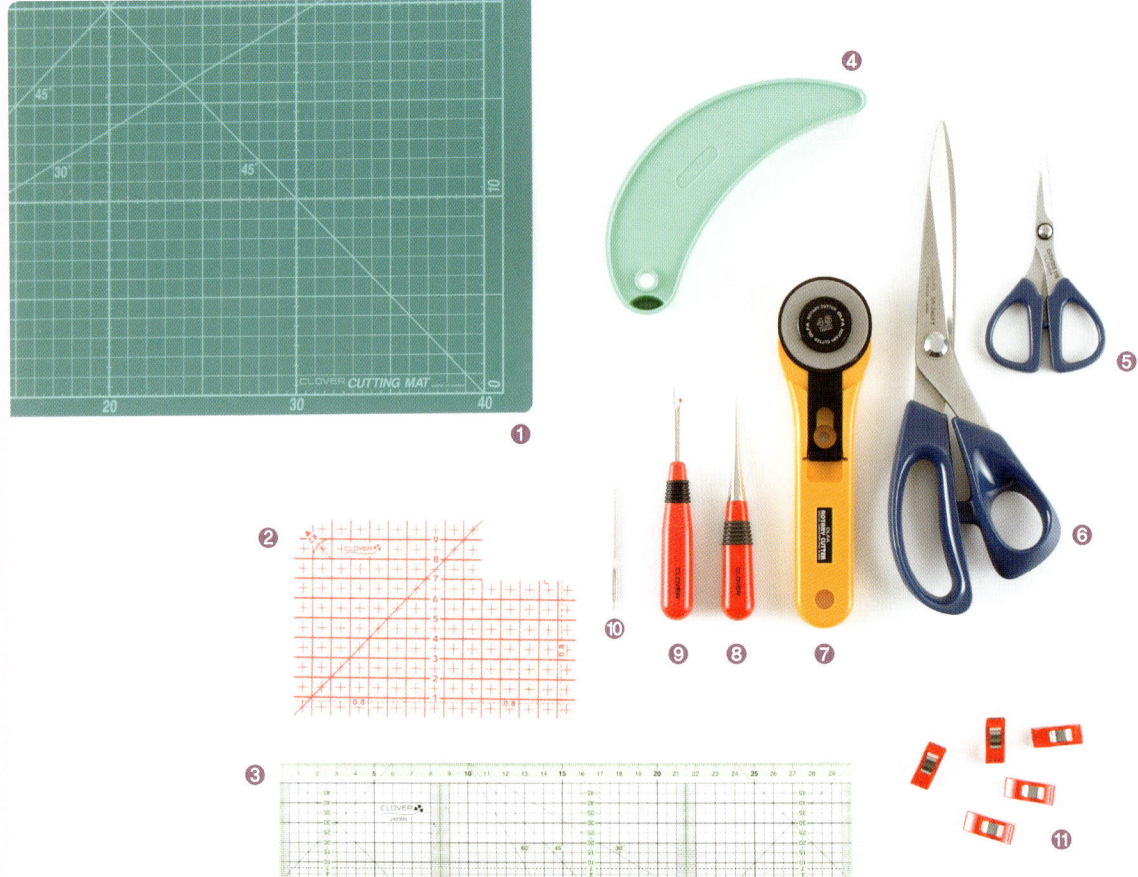

❶ 커팅 매트
로터리 커터로 원단을 자를 때에 까는 매트이다. 모눈이 있어 편리하다.

❷ 아이론 시접자
밑단을 세겹 접는 부분이나 천을 대고 그대로 다림질을 할 수 있는 시접자이다.

❸ 모눈 시접자
로터리 커터의 칼날을 대고 사용할 수 있도록 측면이 금속이 붙어 있다. 모눈 표시가 되어 있어 편리하다.

❹ 문진
실물 패턴지를 복사하거나 원단을 자를 때 원단을 고정시킨다.

❺ 실가위
실이나 세세한 부분을 자를 때 편하다.

❻ 재단 가위
원단을 재단하는 가위. 종이를 자를 때도 자르기 쉽다.

❼ 로터리 커터
곡선 등도 잘 잘리는 원형의 칼날의 커터로, 칼날을 패턴지나 시접자의 끝에 붙여 굴려서 자른다.

❽ 송곳
미싱으로 봉합할 때 천을 누르거나 실밥을 풀 때 사용한다.

❾ 리퍼
실밥을 풀 때와 단춧구멍을 내기 위해 사용한다.

❿ 대바늘
털실용 대바늘 같은 것으로 봉합을 마무리할 실을 처리하기 위해 쓰인다.

⓫ 클립
옷감들을 시침질하기 위해 사용한다. 오버록 미싱에서는 가봉 바늘 없이 클립을 사용한다.

오버록 미싱의 기초

★ 편리한 도구

❶ 커팅 매트
❼ 로터리 커터
커브에서도 움직이기 쉬운 로터리 커터는 원단을 깨끗하게 잘라낼 수 있다. 재단지나 로터리 커터용의 시접자 가장자리에 칼날을 대서 자른다.

⓫ 클립
바느질용의 클립은 끼웠다 뺐다 하기 쉬워 원단들이 상하지 않아 니트 원단의 바느질에 딱이다.

실에 관하여

오버록 미싱에서 사용하는 실을 소개한다.

니트 바느질용 60번 실
봉합이나 가장자리에도 사용하기 편리한 실이다. 보통의 원단부터 두꺼운 원단까지 폭넓게 사용한다.

하이스판 오버록 실
60번보다 조금 얇은, 90번 실이다. 색도 다양하고 비교적 얇은 원단에 사용한다.

울 오버록 실
아주 비교적 부드러운 울을 가공한 실로 인터록을 할 때 사용하는 경우가 많은 실이다. 윗 루퍼 실에 통과시켜, 다른 하이스판 오버록 실을 사용한다.

라메 실
반짝거리는 예쁜 라메 실은 오버록 미싱이나 장식을 수놓을 때에 편리하다.

★ 실과 바늘 고르는 방법

원단	얇은 천	보통·약간 두꺼운 천
바늘	No.9~11	No.11
실	90번	60번

가정용 직선 미싱은...

가정용 직선 미싱에서는 니트 재질의 원단을 재봉할 때 신축성이 있는 니트용 재봉 실이 적합하다.

13

*01

배색 반팔 티셔츠

하얀색과 파란색의 배색이 포인트인
반팔 티셔츠예요.
니트는 오버록 미싱에 적합한 소재이며,
소매는 접어 재봉해요.

Pattern 1
Process Lesson p.24　How to make p.52

Point!

줄무늬 긴팔 티셔츠

스트라이프 무늬의 무명 천으로 만든 긴팔 티셔츠로
소재를 다르게 해서 몇 벌이고 만들고 싶은 아이템이에요.

Pattern 1
Process Lesson p.24 How to make p.52

배색 긴팔 티셔츠

앞 몸판을 무지 패턴의 2가지 색을 배색으로 한
긴팔 티셔츠. 카모플라쥬 프린트의 포켓이 포인트예요.

Pattern 1
Process Lesson p.24 How to make p.52

치노 팬츠

24번 보이프렌드 데님 팬츠와 똑같은 패턴을 사용해 만든
치노 팬츠는 심플한 디자인에 잘 어울려요.

Pattern 10
How to make p.68

하늘하늘 레이스 티셔츠

무지의 천축 원단에, 하늘하늘한 소매는
무지와 레이스 옷감의 2장 각각을
인터록 기술로 마무리해 이어 붙였어요.

Pattern 2
How to make p.54

하늘하늘 프린트 티셔츠

소매와 몸통 부분에
귀여운 꽃무늬 프린트의 천축 원단을 사용했어요.
소재에 따라서 소매의 분위기도 변해요.

Pattern 2
How to make p.54

˚07

성인용 하늘하늘 티셔츠

레이온이 들어간 니트를 사용해
드레이프가 아름다운 성인용 티셔츠.
비교적 얇고 부드러운 소재가 잘 어울려요.

Pattern 2
How to make p.54

하늘하늘 흔들리는
레이스 소매가 소녀다운 느낌을 줘요.

퍼프 소매 반팔 티셔츠

소매 주변이 움직이기에 좋은 넉넉한 티셔츠는 소매 입구와 밑단에 스판을 사용한 소녀스러운 아이템이에요.

Pattern 3
Process Lesson p.27 How to make p.53

*08

퍼프 소매 긴팔 티셔츠

08번의 퍼프 소매에 긴 소매 부분을 붙여 변형한 긴팔 버전으로 심플하고 깔끔하게 마무리했어요.

Pattern 3
Process Lesson p.27　How to make p.53

내추럴 리본 원피스

허리에 고무줄을 넣어 만든 니트 소재의 원피스로,
뒤에 리본이 붙어 있어 귀여운 디자인이에요.

Pattern 4
How to make p.56

사과 무늬 리본 원피스

10번과 같은 패턴을 이용해 컬러풀한 니트 옷감으로 만들었어요.
넥 라인과 소매 입구는 신축성이 좋은 스판을 사용했어요.

Pattern 4
How to make p.56

Point!

*10

*11

핑크 빅 티셔츠

캐미솔과 레이어드해 입으면 딱인 빅 티셔츠로,
드롭트 숄더로 넉넉하게 입을 수 있어요.

Pattern 5
How to make p.58

하이백 캐미솔

12번의 빅 티셔츠에 어울려 입기 좋은
캐미솔은 21번 캐미솔 밑단에
다른 천을 붙여 변형시켰어요.

Pattern 6
How to make p.60

울 빅 티셔츠

12번과 같은 패턴을 압축 니트로 만든 겨울용 외출복으로,
레이어드해 입기에 딱이에요.

Pattern 5
How to make p.58

보트넥 반팔 티셔츠

넥라인을 덧붙인 보트넥 티셔츠는
항상 인기있는 스트라이프 무늬로,
덧붙인 넥라인 색을 변형하여 포인트를 줄 수 있어요.

Pattern 7
How to make p.62

*15

보트넥 6부 티셔츠

계절에 상관없이 편리한 6부 소매 티셔츠로,
남녀공용으로 사용하는 패턴이에요.

Pattern 7
How to make p.62

성인용 보트넥 티셔츠

성인용 보트넥 셔츠는 마음에 드는 색으로 선택해
드롭트 숄더로 편하게 입을 수 있는 디자인이에요.

Pattern 7
How to make p.62

Pattern 1

사진으로
이해하기 쉬운
Process
Lesson

*01 배색 반팔 티셔츠   p.14 / 52

*02 배색 긴팔 티셔츠   p.15 / 52

*03 줄무늬 긴팔 티셔츠   p.15 / 52

*02 & *03

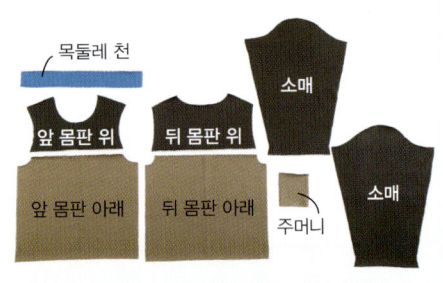

01 앞 몸판 위, 아래 각 1장, 뒤 몸판 위, 아래 각 1장(*03번은 앞·뒤 몸판으로 각 1장), 소매 2장, 주머니 1장, 목둘레 천 1장을 재단한다.

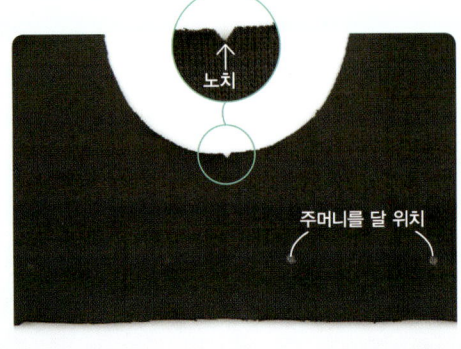

02 앞·뒤 몸판 위쪽의 목둘레와 소매의 맞춤점 (주:노치)을 표시한다. 주머니를 달 위치도 표시한다.

03 뒤 몸판 위의 어깨에 늘어짐 방지 테이프를, 주머니 입구에 접착 심지를 다림질해 붙인다.

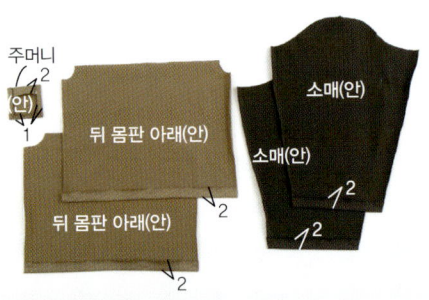

04 뒤 몸판 아래의 밑단과 소맷부리, 주머니의 시접을 다림질해 접는다.

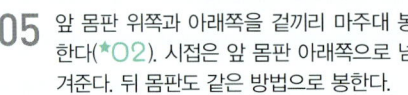

05 앞 몸판 위쪽과 아래쪽을 겉끼리 마주대 봉한다(*02). 시접은 앞 몸판 아래쪽으로 넘겨준다. 뒤 몸판도 같은 방법으로 봉한다.

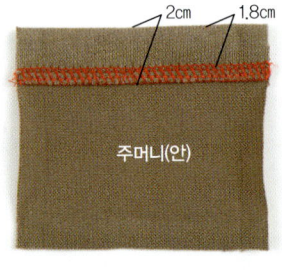

06 시접을 열어, 주머니의 윗단을 오버록으로 재봉질해. 다시 시접을 갈라 주머니 입구를 직선 재봉한다.

07 앞 몸판의 주머니를 달 위치에 주머니를 직선 재봉으로 달아준다.

08 앞·뒤 몸판을 겉끼리 마주대고, 어깨를 봉한다.

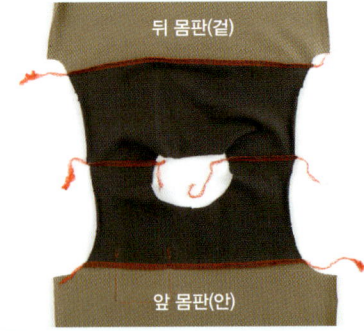

09 시접을 뒤 몸판 쪽으로 넘긴다.

※ (주) 노치는 시접에 가위로 가위집을 내는 표시

심플한 티셔츠 디자인에 배색이나 주머니로 포인트를 준 디자인이다.
색이나 무늬를 다르게 하여 몇 벌이여도 탐나는 남자, 여자 아이 모두 입을 수 있는 베이직 아이템이다.

※ 재료, 마름질 방법은 52페이지 참고

※ 작품은 4본실 2본침의 자동사절 오버록 미싱[糸取物語]을 사용했다.
※ 여기서 [봉하다]는 오버록으로 봉하는 것을 의미하고, 직선 재봉의 경우 따로 표기했다.
※ 실은 눈에 두드러지는 색의 실을 사용했지만 실제로는 옷감의 색과 어울리는 실을 사용하는 것이 좋다.

오버록 미싱 기본 설정

4본사 2본침 　　차동 1.0(N)
땀 기본값 6 　　칼날 고정
땀 길이 2.5

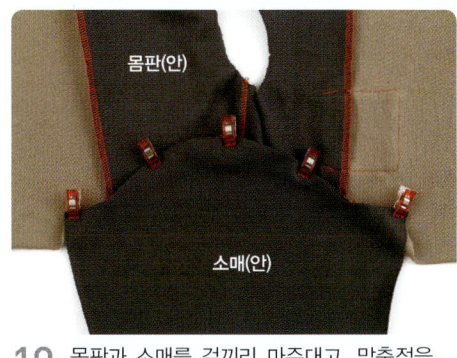

10 몸판과 소매를 겉끼리 마주대고, 맞춤점을 맞춰 클립으로 고정시킨다.

11 몸판과 소매를 봉한다.

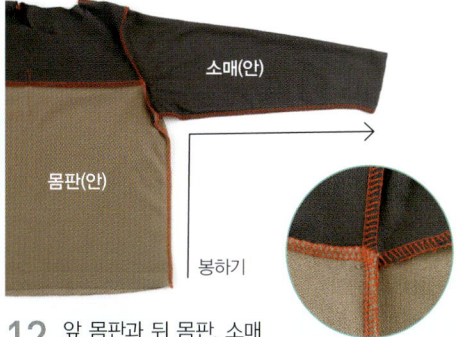

12 앞 몸판과 뒤 몸판, 소매를 각각 겉끼리 마주대 옆구리부터 소매 아래까지 박는다.

소매 아래의 시접은 교차되도록 넘긴다.

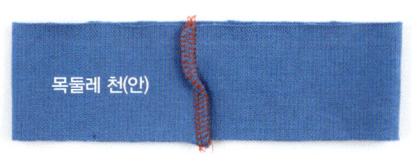

13 목둘레 천을 겉끼리 마주대 봉하고, 시접을 사진처럼 좌우로 넘긴다.

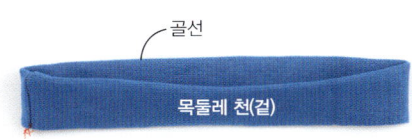

14 목둘레 천을 안끼리 마주대 반으로 접는다.

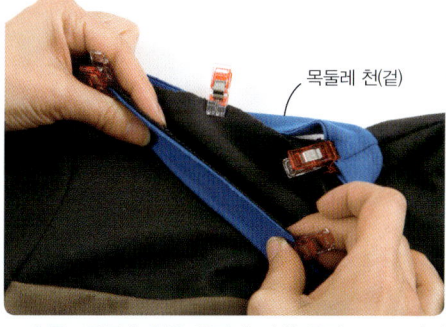

15 목둘레 천을 몸판에 맞춰 클립으로 고정시킨다. 목둘레 천쪽은 신축성이 있고 짧기 때문에 목둘레 천을 늘려 맞춤점에 맞춰서 고정시킨다.

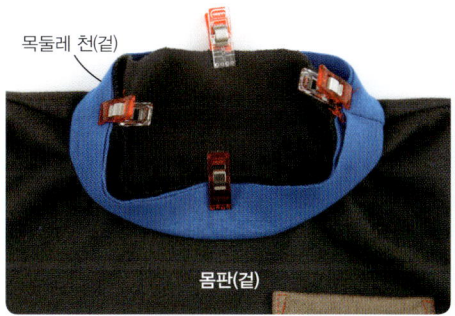

16 목둘레 천을 몸판의 목둘레에 고정시킨다.

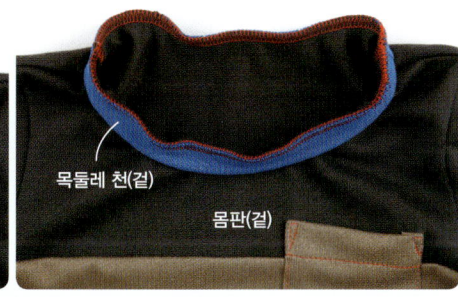

17 목둘레 천을 몸판에 봉해 맞춘다.

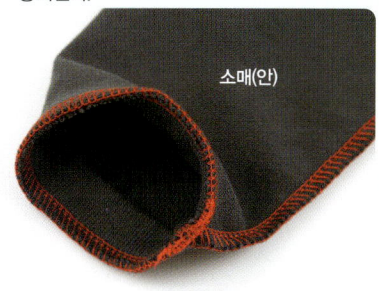

18 소맷부리를 병풍접이식 박기로 봉한다(9페이지 참고). 커버 스티치나 테두리를 오버록으로 마무리해 직선 재봉으로 봉해주면 좋다.

Pattern 1

19 몸판의 밑단도 병풍접이식 박기로 봉한다 (9페이지 참고). 밑단의 테두리는 커버 스티치 또는 오버록으로 마무리해 직선 재봉으로 봉해주면 좋다.

20 몸판의 겉쪽에서 목둘레에 직선 재봉으로 박음질을 넣는다.

21 완성!

*01 순서 01~09번까지는 소매 부분, 이외에는 *02·*03번과 같습니다.

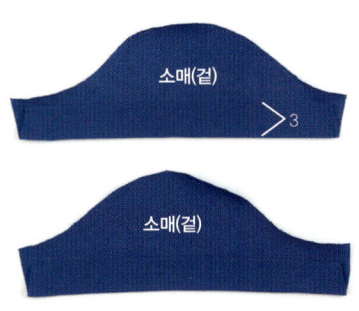

10 소매를 준비해, 소맷부리를 안끼리 마주대 3cm 폭으로 세 겹 접어 다림질한다(90사이즈는 2cm 폭으로 세 겹 접기).

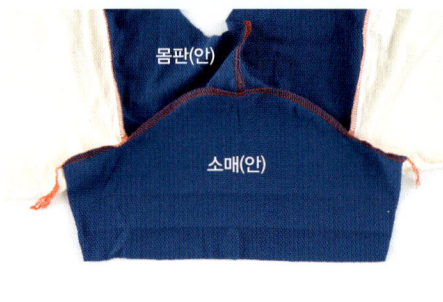

11 소맷부리를 열어, 몸판과 소매를 겉끼리 마주대 봉한다.

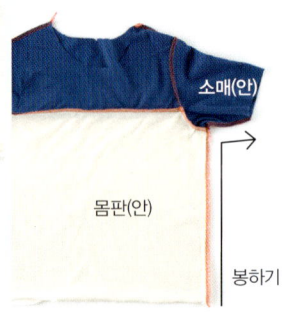

12 앞 몸판과 뒤 몸판, 소매를 각각 겉끼리 마주대 옆구리부터 소매 밑까지 봉한다. 소매 아래의 시접은 교차되도록 넘긴다(25페이지 참고).

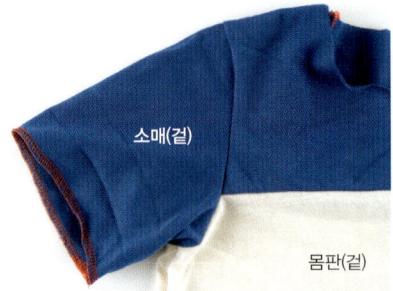

13 겉으로 뒤집은 소매의 가장자리를 오버록 처리한다.

14 다시 한 번 소맷부리를 3cm로 세 겹 접어 위·아래를 직선 재봉으로 봉해 완성시켜준다.

*02 & *03번의 13~17·19~21번까지는 같다.

Pattern 3

사진으로 이해하기 쉬운 Process Lesson

*08 퍼프 소매 반팔 티셔츠 p.18 / 53
*09 퍼프 소매 긴팔 티셔츠 p.19 / 53

어깨 주변이 넉넉해서 귀여운 퍼프 소매 상의다. 활동성 있고 멋스러운 디자인. 반팔은 소맷부리에 스판 후라이스를 넣었고, 긴팔에는 퍼프 소매에 긴 소매 부분을 붙였다.

※ 재료, 마름질 방법은 53페이지 참고

※ 작품은 4본실 2본침의 자동사절 오버록 미싱[糸取物語]을 사용했다.
※ 여기서 [봉하다]는 오버록으로 봉하는 것을 의미하고, 직선 재봉의 경우 따로 표기했다.
※ 실은 눈에 두드러지는 색의 실을 사용했지만 실제로는 옷감의 색과 어울리는 실을 사용하는 것이 좋다.

오버록 미싱 기본 설정
- 4본사 2본침
- 땀 기본값 6
- 땀 길이 2.5
- 차동 1.0(N)
- 칼날 고정

*09

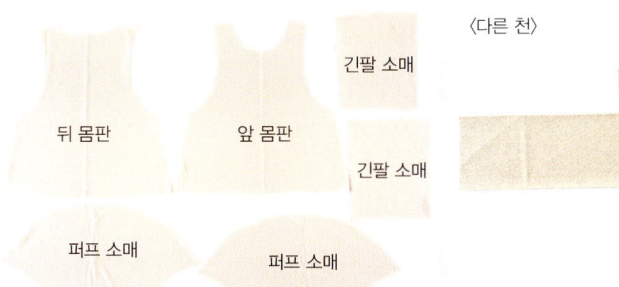
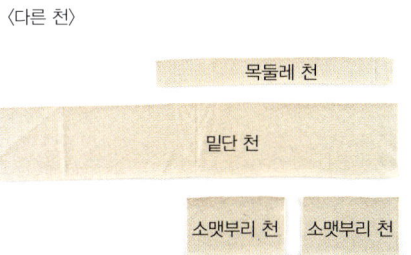

01 앞·뒤 몸판 각 1장, 퍼프 소매 2장, 긴팔 부분 2장(*08번은 없음), 다른 천으로 목둘레 천, 밑단 천 각 1장, 소맷부리 천 2장을 재단한다. 앞·뒤 몸판과 퍼프 소매에 맞춤점(노치)를 낸다(노치를 내는 방법은 24페이지 참고).

02 앞·뒤 몸판을 겉끼리 마주대 어깨를 봉한다. 시접을 뒤쪽으로 넘긴다.

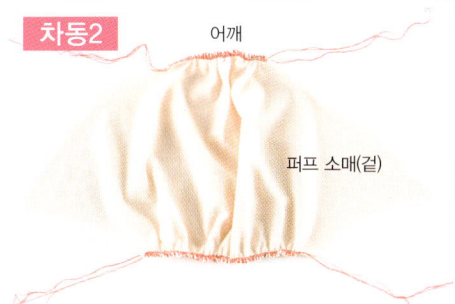
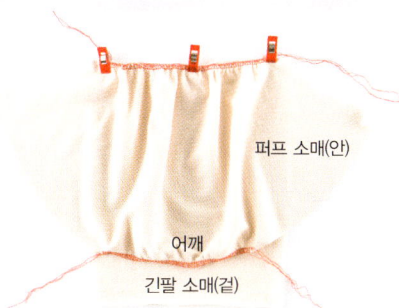
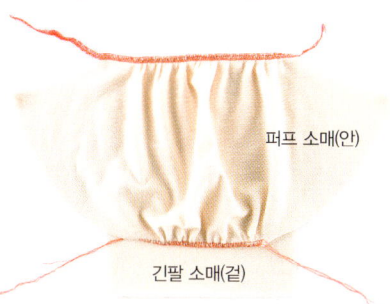

03 퍼프 소매의 위, 아래를 차동을 2에 놓고 오버록 처리하고, 개더를 긴팔 소매 부분의 치수에 맞춰 길이를 조절한다.

04 퍼프 소매를 긴팔 소매 부분의 치수에 맞춰, 2장을 겉끼리 마주대 클립으로 고정시킨다.

05 퍼프 소매와 긴팔 소매 부분을 봉한다.

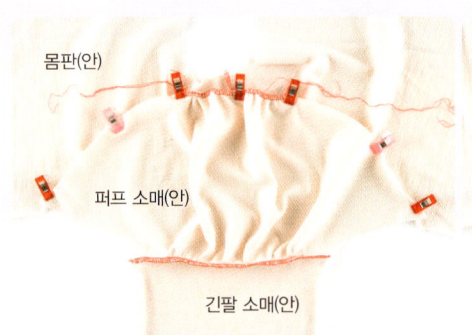

06 퍼프 소매의 어깨 부분은 몸판의 길이에 맞춰서 겉끼리 마주대 맞춤점을 클립으로 고정시킨다.

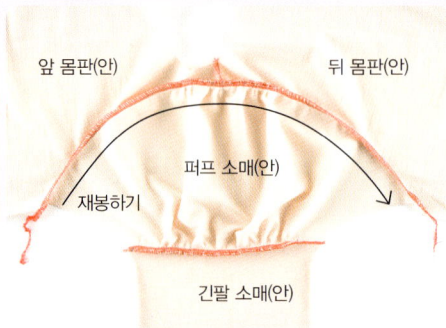

07 몸판과 퍼프 소매를 봉한다.

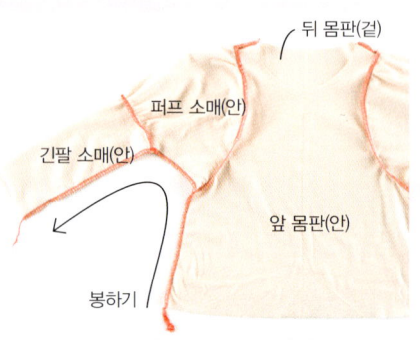

08 앞·뒤 몸판과 소매를 각각 겉끼리 마주대 옆부터 소매 밑까지 봉한다. 시접은 교차되도록 넘긴다(25페이지 참고).

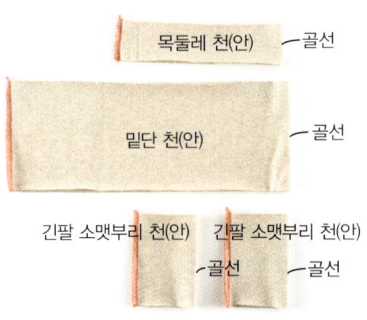

09 목둘레 천, 밑단 천, 긴팔 소맷부리 천을 각각 겉끼리 마주대 봉하고, 시접은 위·아래로 좌우가 되도록 넘긴다(25페이지 참고).

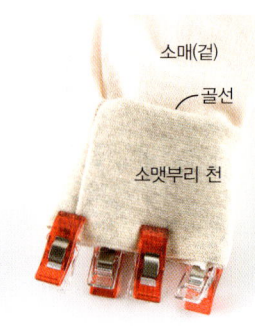

10 안끼리 마주대 반으로 접어서 긴 소맷부리 입구와 소매를 겉끼리 마주대, 맞춤점에 맞춰 클립으로 고정시킨다.

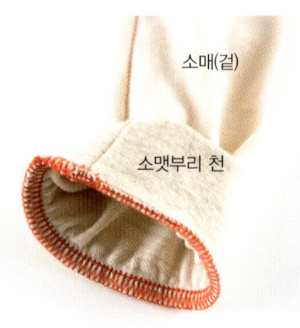

11 긴 소맷부리 천과 소매를 봉한다.

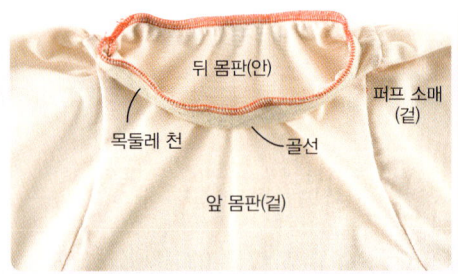

12 안끼리 마주대 반으로 접은 목둘레 천을 몸통에 클립으로 고정시키고, 몸판에 봉해 맞춘다(클립 고정 방법은 25페이지 참고).

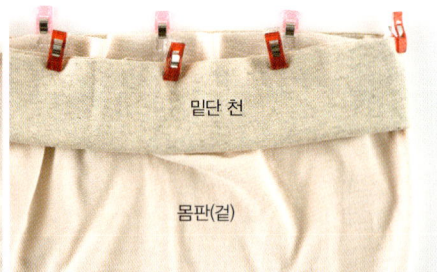

13 안끼리 마주대 반으로 접어 밑단과 몸판을 겉끼리 마주대어 클립으로 고정시킨다.

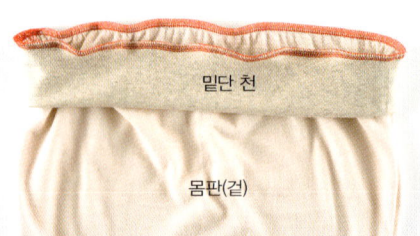

14 밑단 천과 몸판을 봉한다.

Pattern 3

15 완성. 취향대로 목둘레에 직선 재봉으로 박음질을 넣어도 좋다(26페이지 참고).

*08 순서 01·02번까지는 *09 번과 같습니다.

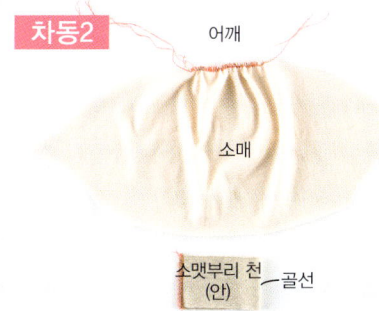

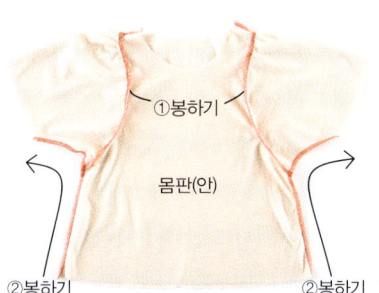

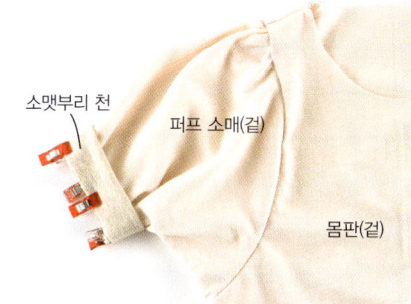

03 퍼프 소매의 어깨 부분을. 차동을 2에 놓고 오버록 처리한다. 개더를 잡아 몸판 치수에 맞춰 길이를 조절한다. 소맷부리 천을 겉끼리 마주대 봉한다.

04 몸판과 퍼프 소매를 겉끼리 마주대 맞춤점에 맞춰 봉하고, 몸판과 퍼프 소매를 각각 겉끼리 마주대 옆에서부터 소매 밑까지 봉한다(28페이지 참조). 시접은 교차되도록 넘긴다.

05 안끼리 마주대 반으로 접은 소맷부리 천과 퍼프 소매를 겉끼리 마주대 맞춤점에 맞춰 클립으로 고정시킨다.

06 소맷부리 천과 퍼프 소매를 봉한다. 소맷부리 천을 겉으로 뒤집는다.

이후는 *09 번의 12~15번까지와 같다.

물방울 무늬 서큘러 큐롯

18번과 같은 패턴으로 허리 부분을 스판으로 변형한 것으로,
아이 스스로도 입기 편한 디자인이에요.

Pattern 8
Process Lesson p.36　How to make p.64

리본 서큘러 큐롯

겨자색의 펀치 소재를 사용한 서큘러 큐롯으로,
허리 부분에 리본이 포인트예요.

Pattern 8
Process Lesson p.36　How to make p.64

성인용 서큘러 큐롯

18번과 같은 디자인의 성인용에 기장을 추가한
가우초 팬츠 풍의 디자인이에요.
짙은 녹색으로 어른스러운 느낌이 나요.

Pattern 8
Process Lesson p.36　How to make p.64

21

레이스 캐미솔

21페이지의 캐미솔과 똑같은 패턴의
앞가슴에 레이스를 단
심플한 캐미솔이에요.

Pattern 6
How to make p.60

데님 니트 주름 스키니

입기 편안한 데님 니트 팬츠로,
옆 라인에 주름을 잡아 고무줄을 넣어
쭈글쭈글하게 만든 바지예요.

Pattern 9
How to make p.66

22

밑단의 주름이 캐쥬얼한
느낌을 더해줘요.

카모플라쥬 주름 스키니

22번과 같은 패턴의 카모플라쥬 무늬 스트레치 소재를 이용해 포인트를 단 카고 팬츠 풍으로 변형한 디자인이에요. 남녀공용 디자인으로 사용 가능해요.

Pattern 9
How to make p.66

보이프렌드 데님 팬츠

넉넉하게 입는 팬츠에 허리 부분은 니트 소재를 사용하여
좀 더 편하게 입을 수 있는 디자인이에요.
소재를 바꾸어 보는것도 재미있어요.

Pattern 10
How to make p.68

*24

데님 숏 팬츠

24번의 패턴에 기장을 짧게 한 숏 팬츠 스타일로,
허리에도 물방울 무늬를 넣은 소녀스러운
스타일이에요.

Pattern 10
How to make p.68

*25

Pattern 8

사진으로 이해하기 쉬운 **Process Lesson**

*18 리본 서큘러 큐롯   p.30 / 64

*19 물방울 무늬 서큘러 큐롯   p.30 / 64

*20 성인용 서큘러 큐롯   p.31 / 65

*18

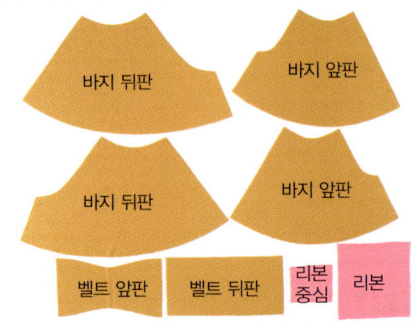

01 바지 앞판과 뒤판 각 2장, 벨트 앞판과 뒤판, 리본, 리본 중심 각 1장을 재단한다.

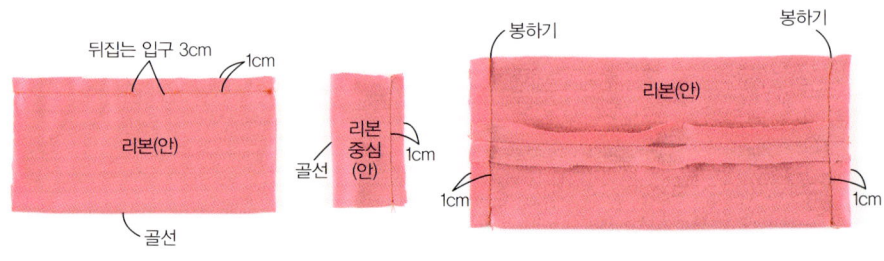

02 리본을 겉끼리 마주대, 구멍을 뒤집어 남겨두고 직선 재봉으로 봉한다. 리본 중심을 겉끼리 마주대 직선 재봉으로 봉한다.

03 리본을 가름솔 처리를 해, 가름솔 중심 양옆을 직선 재봉으로 봉한다.

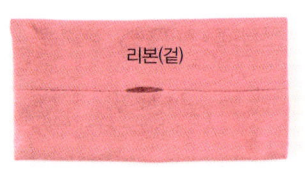 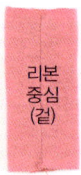

04 뒤집은 구멍으로부터 리본을 겉으로 꺼내 뒤집는다. 리본 중심도 같은 방법으로 뒤집는다.

05 벨트 앞판에 리본 중심을 직선 재봉으로 연결한다.

06 리본 중심을 아래쪽으로 접어, 직선 재봉으로 봉해 마무리한다.

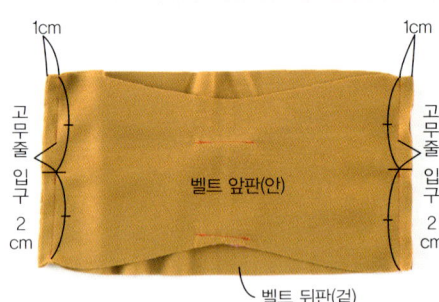

07 벨트 앞판과 뒤판을 겉끼리 마주대 고무줄 입구를 남겨두고, 직선 재봉으로 양옆을 봉한다.

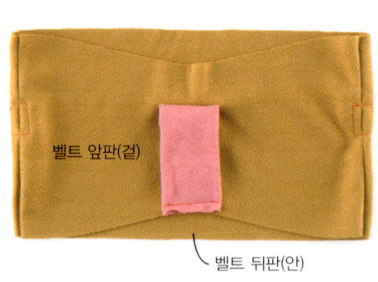

08 벨트를 겉에서 뒤집어 고무줄 입구 주변을 직선 재봉으로 박음질한다.

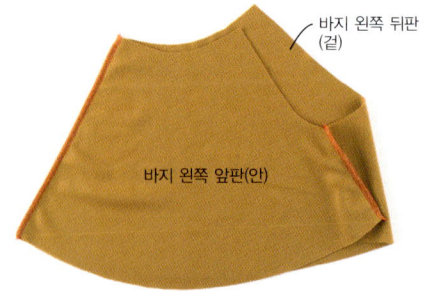

09 바지 왼쪽 앞판과 왼쪽 뒤판을 각각 겉끼리 마주대 옆과 밑위를 봉한다.

바지 원형에 가까운, 플레어가 넉넉한 큐롯 팬츠이다.
스커트 같이 보이는 큐롯이기 때문에 캐쥬얼에도 잘 어울린다.
허리에 리본을 디자인한 것과 변형하여 허리에 스판을 넣은 것도 있다.
성인용은 볼륨을 조금 줄여준다.

※ 재료, 마름질 방법은 64~65페이지 참고

* 작품은 4본사 2본침 자동 사절 오버록 미싱[糸取物語]을 사용해 만들었다.
* 여기서 [봉하다]는 오버록으로 봉하는 것을 의미하고, 직선 재봉의 경우 따로 표기했다.
* 실은 눈에 두드러지는 색의 실을 사용했지만 실제로는 옷감의 색과 어울리는 실을 사용하는 것이 좋다.

오버록 미싱 기본 설정

- 4본사 2본침
- 땀 기본값 6
- 땀 길이 2.5
- 차동 1.0(N)
- 칼날 고정

10 바지 오른쪽 앞·뒤판도 같은 모양으로 겉끼리 마주대 봉한다. 바지 오른쪽을 겉으로 뒤집어, 바지 왼쪽의 가운데에 넣어 겉끼리 마주댄다.

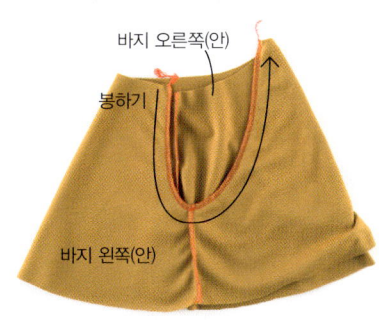

11 바지 오른쪽과 바지 왼쪽 옆선을 봉한다.

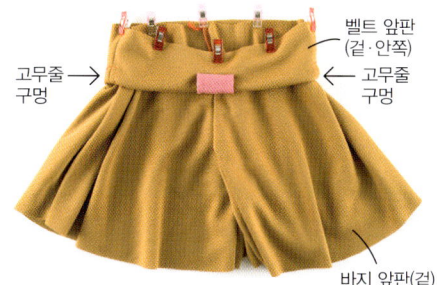

12 벨트를 안끼리 마주대 반을 접고, 바지에 맞춰 클립으로 고정시키고, 벨트를 바지에 연결한다.

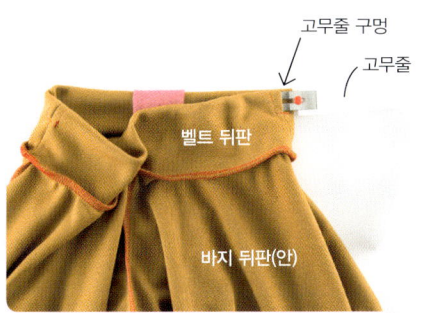

13 고무줄 구멍으로 고무줄을 넣는다.

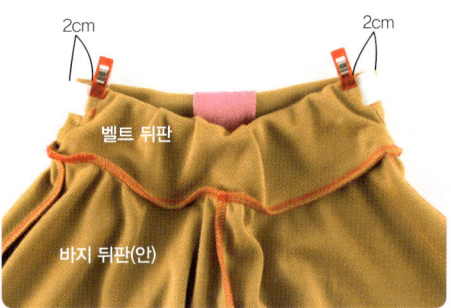

14 반대편 방향의 고무줄 구멍까지 통과시킨 후 좌우 2cm 정도 고무줄을 남겨 클립으로 고정시킨다.

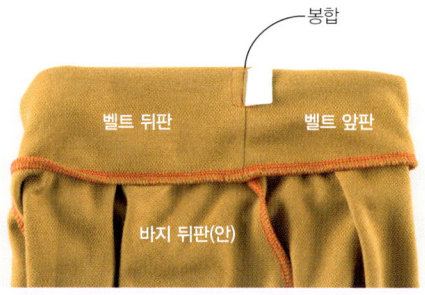

15 고무줄 양쪽 끝을 벨트 뒤판 쪽에 직선 미싱으로 봉해 고정시킨다. 고무줄 끝은 벨트 앞판 쪽으로 정리한다.

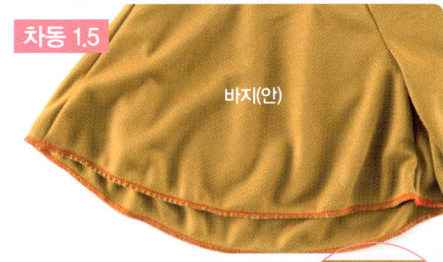

16 바지의 밑단을 차동 1.5로 두고 오버록으로 봉한다.
시접을 다림질로 접어 정돈한다.

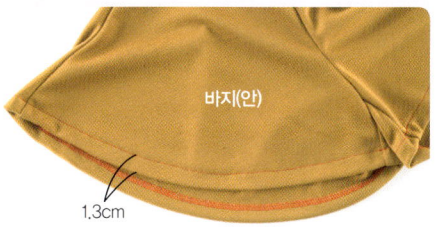

17 밑단을 직선 미싱으로 봉한다.

18 리본을 리본 중심으로 통과시켜 리본 윗쪽 두 부분을 앞 벨트에 손으로 꼬매 고정시켜 마무리한다.

*19 & *20 번의 순서는 09~11 · 16 · 17번은 ***18**번과 같다.
마름질 하는 방법, 벨트 부분을 다는 방법은 64, 65페이지를 참고한다.

배색 풀오버

터틀넥 디자인을 소매와 몸판의 원단을
다른 것을 이용해 만들어보세요.
색에 따라서 남자 아이, 여자 아이 모두
입을 수 있는 디자인이에요.

Pattern 11
How to make p.71

*26

슬릿 풀오버

스트라이프 프린트의 이모생지 니트를 사용한 풀오버로,
밑단에 슬릿을 넣어 입체적인 디자인이에요.

Pattern 11
How to make p.71

*27

*28

슬릿 파카

27번 패턴에 후드를 변형시켜 넣은 파카로,
앞쪽에 주머니를 달아 귀여워요.

Pattern 11
How to make p.71

치마 레깅스

이모생지 니트의 스커트 부분에
자카드 원단의 스프라이트 니트를 조합시킨 치마 레깅스.
활동성이 좋고 따뜻한 아이템이에요.

Pattern 12
How to make p.74

*29

주름 치마 레깅스

29번의 패턴을 변형한 멋진 주름 치마에 바지를 붙인 치마 레깅스로, 외출 시에도 딱이에요.

Pattern 12
How to make p.74

*30

페이크 레이어드 팬츠

팬츠에 레깅스를 겹쳐 입은 것처럼 보이는
레이어드 스타일의 팬츠예요.
32번과 같은 패턴에 레깅스 부분을 붙였어요.

Pattern 13
Process Lesson p.46   How to make p.76

*31

니트 팬츠

허리와 밑단에 립 원단을 사용해 입기 편한 니트 팬츠예요.
자카드 니트의 주머니를 포인트로,
색상을 다르게 해서 몇 벌이고 만들 수 있어요.

Pattern 13
Process Lesson p.46   How to make p.76

*32

성인용 후드 코트

33번의 성인 버전은 아이용과 다른 색깔의 소재로 만들었어요. 소맷부리에도 다른 옷감을 사용해 따뜻해요.

Pattern 14
How to make p.77

후드 코트

추운 날에 걸쳐 입기 딱인 후드 코트로, 비교적 간단히 만들 수 있어요.

Pattern 14
How to make p.77

성인용 롱 가디건

35번의 성인용 버전으로, 그레이 색상으로 정돈해 외출용으로 쓸 수 있도록 오버록 미싱의 장점을 살린 만들고 싶은 아이템이에요.

Pattern 14
How to make p.77

롱 가디건

앞단에 립 원단을 사용해 멋을 낸 롱 가디건으로, 33번 패턴에 칼라를 숄 칼라로 변형시켰어요. 긴 기장이 멋스럽게 보여요.

Pattern 14
How to make p.77

Pattern 13

사진으로 이해하기 쉬운 Process Lesson

*31 페이크 레이어드 팬츠 p.42 / 76
*32 니트 팬츠 p.43 / 76

*32

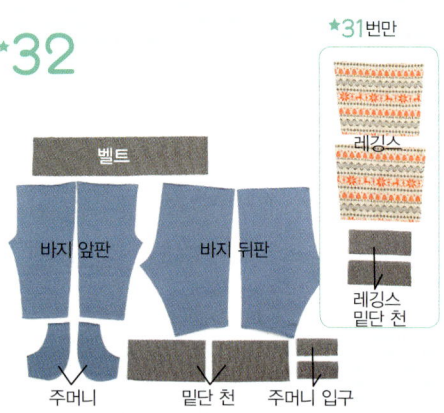

01 바지 앞판과 뒤판, 주머니, 주머니 입구, 밑단 천, 레깅스, 레깅스 밑단 각 2장씩, 벨트 1장을 재단한다(*32번은 레깅스와 레깅스 밑단 천 없이).

02 주머니에 안끼리 마주대 반으로 접은 주머니 입구 천을 맞춰 봉합한다.

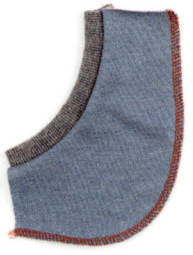

03 주머니 끝단에 오버록 처리한다.

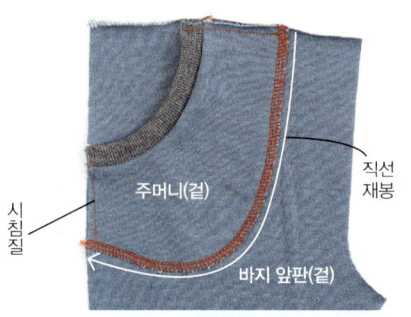

04 바지 앞판의 주머니를 붙이는 위치에 직선 재봉으로 주머니를 봉하고, 바지 옆부분을 직선 재봉으로 시침질한다.

05 바지 앞판에 주머니가 붙었다.

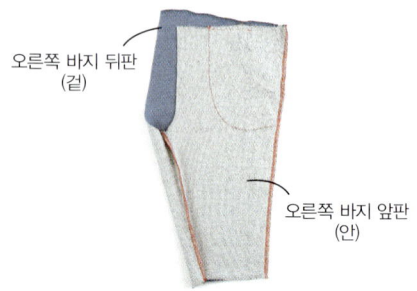

06 오른쪽 바지 앞판과 오른쪽 뒤판을 겉끼리 마주대, 옆선과 밑아래를 봉한다.

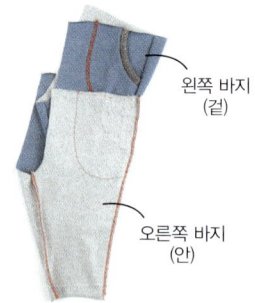

07 왼쪽 바지도 같은 방법으로 봉한다. 왼쪽 바지를 겉으로 뒤집어, 오른쪽 바지 가운데에 넣어 겉끼리 마주대 맞춘다.

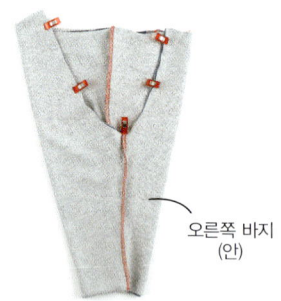

08 오른쪽과 왼쪽 바지의 사타구니 부분을 맞춰 클립으로 고정시킨다.

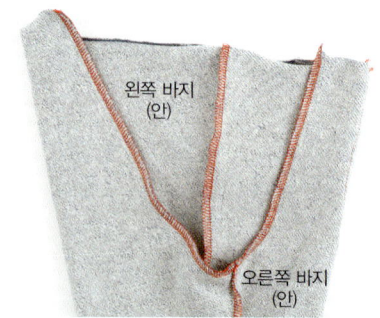

09 왼쪽 바지의 사타구니 쪽을 봉한다.

편한 니트 팬츠이다.
패치 포켓과 밑단에 립 원단을 붙여 디자인했다.
페이크 레이어드 팬츠는 니트 팬츠에 이어 레깅스 부분을 플러스.
바지에 레깅스를 겹쳐 입은 것처럼 보이는 디자인이다.

※ 원단, 재단 방법은 76페이지 참고

* 작품은 4본실 2본사의 자동사절 오버록 미싱 [糸取物語]을 사용했다.
* 여기서 [봉하다]는 오버록으로 봉하는 것을 의미하고, 직선 재봉의 경우 따로 표기했다.
* 실은 눈에 두드러지는 색의 실을 사용했지만 실제로는 옷감의 색과 어울리는 실을 사용하는 게 좋다.

오버록 미싱 기본 설정
- 4본사 2본침
- 땀 기본값 6
- 땀 길이 2.5
- 차동 1.0(N)
- 칼날 고정

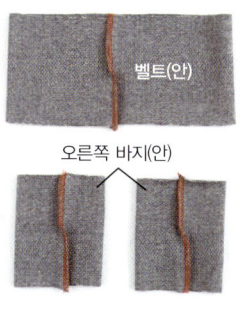

10 벨트 1장, 밑단 천 2장을 각각 겉끼리 마주대 봉하고, 시접을 위·아래로 해서 좌우로 넘긴다.

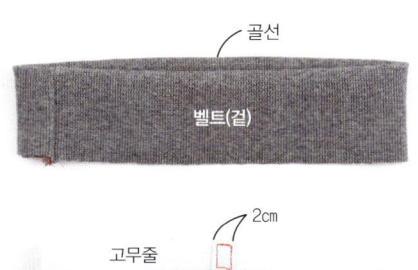

11 벨트를 안끼리 마주대 두겹으로 접는다. 고무줄로 고리를 만들어 봉한다.

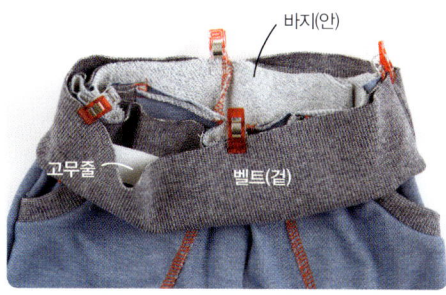

12 가운데에 고무줄을 넣어 벨트를 바지에 맞대, 맞춤점에 맞춰 클립으로 고정시킨다.

13 벨트를 바지에 연결해 봉한다.

14 벨트를 겉으로 뒤집는다.

15 고무줄을 양옆으로, 직선 재봉으로 벨트를 봉해 고정시킨다.

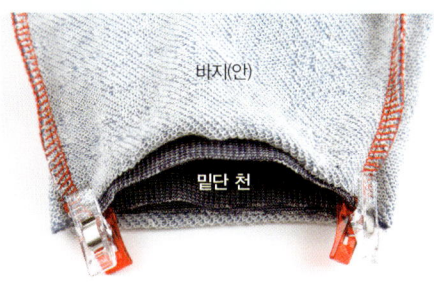

16 바지의 아래 가장자리를 안끼리 마주대 두겹으로 접어 클립으로 고정시켜 봉한다.

17 완성(★32번)

Pattern 13

 *31 *32

*31 순서 01~15번까지는 *32번과 같음(밑단은 아직 바지에 봉하지 않고 놔둔다.)

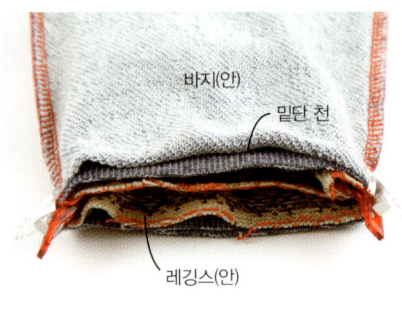

16 레깅스와 레깅스 밑단 천을 각각 겉끼리 마주 대 봉한다. 레깅스 밑단 천의 시접은 위·아래로 좌우로 넘긴다.

17 레깅스는 겉으로 뒤집어, 레깅스 밑단 천을 안끼리 마주대 2겹으로 접어, 레깅스와 봉해 맞춘다.

18 바지는 밑을 밑단 천과 레깅스 순서대로 겉 끼리 마주대 맞춘다.

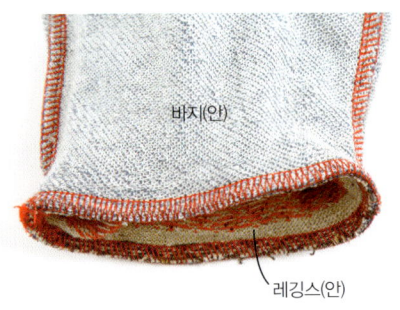

19 바지와 밑단 천, 레깅스의 3장을 맞춰 봉한다.

20 완성(*31번)

소잉의 기초

알고 있으면 도움이 되는 소잉의 기초 지식을 소개한다.

이 책에서 사용하고 있는 원단

이 책에서는 크게 나누면 니트 원단(신축성이 있는 직물로 된 옷감)과 포백(면이나 마 등으로 만들어진 옷감)을 사용하고 있다.
신축성이 있는 니트 원단은 고리 형태의 솔기로 천의 늘어짐이 오버록 미싱에 적합하다.

니트 원단

니트 원단은 소재에 따라 텐션(신축성)이 달라진다. 신축성이 높은 것을 텐션이 높고, 낮은 것은 텐션이 낮다. 작품에 맞춰 골라본다.

이모생지
겉은 천축, 안은 고리 모양으로 되어 있어 트레이닝복이나 바지 등에 사용된다.

스무드
겉과 안이 모두 메리야스 뜨기로, 매끄러운 원단이다. 두께감도 있어 초심자에게도 추천한다.

천축
겉은 메리야스 뜨기, 안은 가터 뜨기로 티셔츠 등에 쓰인다. 옷감이 말리기 쉬우니 주의해야 한다.

쌍사천축
2개의 꼬인 실로 만들어져, 일반적인 천축보다 두껍고 신축성이 낮다. 품이 좁은 양복에 맞지 않는다.

자카드 니트
여러 가지 색의 실을 사용해, 다양한 모양이나 무늬를 문양을 넣어 짠 니트 원단이다. 신축성이 높지 않다.

펀치
양면을 뜬 니트 원단이다. 가로로 신축성이 적고 매끄러워, 플레어 등도 이쁘게 나온다.

스판 후라이스
고무로 뜬 니트 원단이다. 신축성이 높아 소매와 옷깃, 허리 등에도 사용된다.

스판 립
코와 솔기의 뒷면이 서로 교차되어, 골이 있다. 신축성이 높고 소맷부리나 허리에 쓰인다.

접결 니트
2장의 천을 겹쳐서 일부 실로 접결한 니트 원단이다. 2장을 겹쳐서 따뜻함도 있다.

포백

포백을 사용한 경우, 봉합을 직선 재봉으로 실시하여, 가장자리를 처리할 때는 오버록으로 재봉하는 것을 추천. 몇 번이고 세탁하는 것도 옷의 가장자리를 튼튼하고 깨끗하게 처리할 수 있다.

가쓰라기
능직의 무명 옷감으로 비스듬한 선이 보인다. 이 책에서는 스트레치를 넣어 사용했다.

데님
바지에도 자주 쓰이는 옷감. 아이 옷에는 부드러운 것이 좋다.

치노
면에 약간의 광택이 있는 능직물. 색은 카키나 베이지가 많아 바지나 스커트에 쓰인다.

재단 종이 만드는 방법

실물 크기 패턴에는 시접이 붙어있지 않다. 시접을 재단 종이를 만들어 천을 마름질하는 것이 효율적인 작업이 된다.
이 페이지에서 시접에 대한 패턴을 만드는 방법을 소개한다.

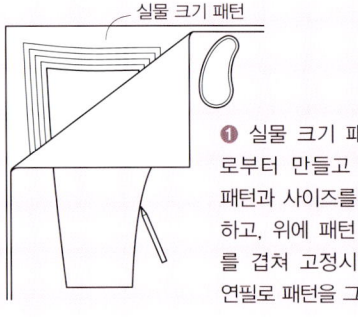

❶ 실물 크기 패턴으로부터 만들고 싶은 패턴과 사이즈를 확인하고, 위에 패턴 용지를 겹쳐 고정시키고, 연필로 패턴을 그린다.

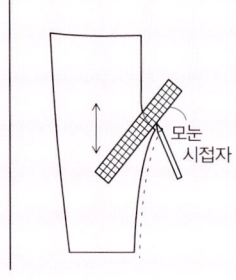

❷ 각 만드는 방법 페이지에 있는 마름질 방법을 참고해, 모눈 시접자를 사용해 주위를 점선 모양으로 시접 폭을 그린다.

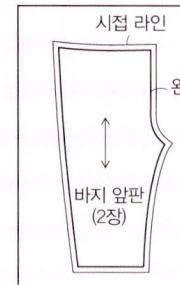

❸ 점선을 이어서 주변에 시접선을 그린다. 시접 라인을 잘라내서 쓴다.

포인트

소매나 주머니 입구 등 되접어 꺾이는 부분은 각도를 넣어 시접을 붙인다.

 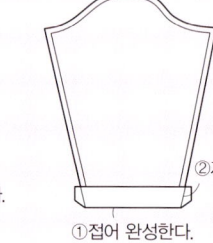 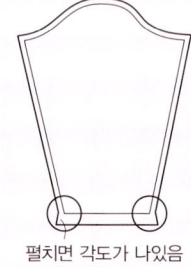 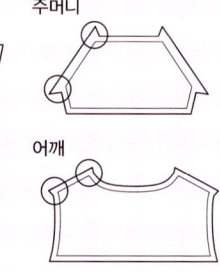

❶ 소매 부분의 패턴 용지를 크게 잘라둔다.

❷ 패턴 용지를 소매의 완성선에 접어, 그림처럼 자른다.

❸ 패턴 용지를 열어 각도를 낸다. 소매의 시접을 붙여 자른다.

맞춤점에 대해

소매에 앞뒤가 있는 경우, 앞뒤를 알기 쉽게 하기 위해서, 뒷쪽의 가위집을 2개 넣는다.
(가로로 넣는 맞춤점은 24페이지 참고)
앞·뒤 몸판에도 똑같은 방법으로 2개 넣는다.

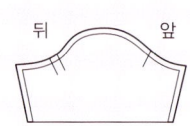  

그외 재료와 도구

도구에 대해서는 12페이지에 소개했지만, 그외에도 이런 것들도 쓰인다.

하도롱지
패턴지를 만들기 위한 용지이다. 롤 타입은 접힌 자국도 없이 깨끗하게 모사할 수 있다.

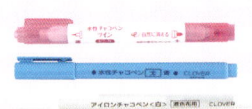

초크펜
천에 그리는 펜이다. 천의 색에 맞춰 색과 크기를 골라보자.

늘어짐 방지 테이프
한쪽 면에 접착제가 붙어 있는 테이프이다. 신축성이 있는 니트 원단의 늘어뜨리고 싶지 않은 부분이나 보강을 위해 잘라서 다림질로 붙여준다.

넓은 끈 끼우개
폭이 넓은 고무줄을 통과시킬 때 편리하다. 확실히 끼워 빠지기 어렵게 되어 있다.

사이즈에 대해서

이 책에서는 아이용은 90, 100, 110, 120, 130, 140사이즈, 성인용은 S, M, L사이즈의 양복 패턴을 게재하고 있지만,
아래의 사이즈를 기준으로 만들고 있다. 사이즈 선택에 참고하세요. (단위:cm)

아이용	사이즈	90	100	110	120	130	140
	가슴	52	54	57	61	65	68
	허리	49	51	52	55	57	60
	엉덩이	52	57	60	64	70.5	74
	등 길이	21	25	27	28.5	31	33
	소매 길이	27	32	35	39	43	46
	밑위	30	38	43	49	56	60

성인용	사이즈	S	M	L
	가슴	76	82	88
	허리	58~60	62~64	70~72
	엉덩이	82~86	86~93	94~98
	등 길이	36.5~37.5	38~39.5	38
	소매 길이	50	52~54	53~54
	밑위	63~68	68~72	68~72

패턴 기호

실물 크기 패턴에 사용하는 기호를 설명한다.

식서 표시 / 완성선 / 골선 (원단의 접는 선 부분) / 접는 선 / 맞춤점 / 개더(주름) / 턱 (빗금의 높은 쪽에서 낮은 쪽으로 원단을 접어 주름을 만든다.)

시접에 대해서

52페이지부터 있는 만드는 방법 페이지의 마름질 방법처럼, 지정한 것외의 시접은 1cm로 되어 있다. 오버록으로 봉합하는 경우에는 진폭을 0.6cm, 칼날로 자르는 폭을 0.4cm로 상정한다.

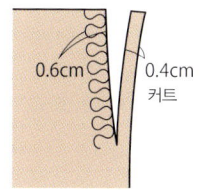 0.6cm / 0.4cm 커트

봉합하지 않고 가장자리에서 오버록으로 재봉질하는 경우에는 기본적으로 칼날을 고정(LOCK)한 오버록으로 재봉질한다.

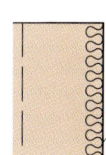 칼날 고정(LOCK) 하고 오버록 재봉

소맷부리나 밑단 등 직선 재봉을 사용해 마무리하는 경우에는 시접을 2cm로 칼날을 고정시켜 오버록 재봉질하고, 직선 재봉으로 봉해 접어 완성시킨다.

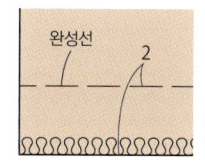 완성선 2

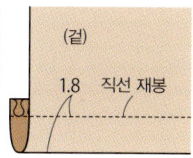 (겉) 1.8 직선 재봉

바느질 용어

작품의 만드는 방법 페이지나 실물 크기 패턴에 사용되고 있는 알아두면 좋은 바느질 용어를 소개한다.

[맞춤점] – 천끼리 맞춰 봉합할 때, 같은 위치를 표시하는 기호
[목둘레] – 몸판의 목둘레 부분
[소맷부리] – 몸판의 소매를 붙이는 부분
[소맷마루] – 소맷부리와 어깨선이 만나는 부분
[겉끼리 마주대기] – 천의 겉과 겉을 맞추는 것
[NP(넥포인트)] – 목둘레 선과 어깨선의 교차하는 점
[노치] – 가위집을 내는 표시
[천의결] – 천의 짜여진 수직 흐름

[시접] – 천끼리 맞춰 봉합할 때 필요한 것으로, 솔기로부터 원단 가장자리 부분까지의 폭
[3겹 접기] – 한 번 접고 다시 접을 때 일정한 폭으로 접는 것
 – 일정한 폭으로 한 번 접는 것을 반접기
[밑위] – 바지의 허리부터 밑아래의 교차점까지의 부분
[밑아래] – 밑아래의 교차점부터 밑단까지의 부분
[안단] – 여밈, 목둘레, 소맷부리 등의 테두리를 처리할 때 쓰이는 천
[몸판] – 셔츠 등의 몸통 부분의 파츠
[골선] – 천을 접을 때의 접는 자국

Pattern 1

*01 배색 반팔 티셔츠
p.14 / 24 실물 크기 패턴 A면

재료 ※ 옷감 치수는 왼쪽부터
원단A – 블루 천축
　　폭 170cm × 20/20/20/30/30/40cm
원단B – 무지 천축
　　폭 170cm × 40/40/40/40/50/50cm
다른 원단A – 스판 후라이스 파랑
　　폭 42cm W × 10cm(전사이즈 공용)

*02 배색 긴팔 티셔츠
p.15 / 24 실물 크기 패턴 A면

재료 ※ 옷감 치수는 왼쪽부터
원단A – 카키 천축
　　폭 160cm × 50/50/50/50/60/60cm
원단B – 베이지 천축
　　폭 160cm × 40/40/40/40/50/50cm
다른 원단A – 스판 후라이스 카키
　　폭 42cm W × 10cm(전사이즈 공용)
다른 원단B – 카모플라쥬 무늬 니트 원단
　　폭 15cm × 15cm(전사이즈 공용)

*03 줄무늬 긴팔 티셔츠
p.15 / 24 실물 크기 패턴 A면

재료 ※ 옷감 치수는 왼쪽부터
원단 – 줄무늬 천축
　　폭 155cm × 50/50/60/60/70/70cm
다른 원단A – 스판 후라이스 카키
　　폭 42cm W × 10cm(전사이즈 공용)
다른 원단B – 카모플라쥬 무늬 니트 원단
　　폭 15cm × 15cm(전사이즈 공용)

01・02・03번에 공용
※ 신축성은 중간 이상 정도의 니트 원단을 사용
　늘어짐 방지 테이프, 접착 심지 적당량
　오버록 미싱용 스판 실
　니트용 재봉 실

재봉 방법 순서
p.24의 Process Lesson 참고

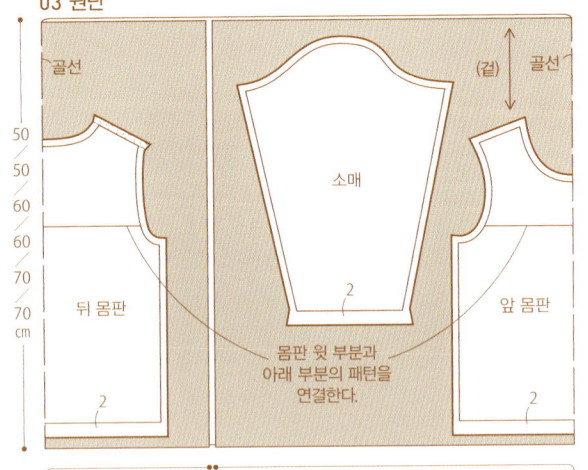

마름질 방법
※ 지정된 것 이외에는 1cm로 시접
※ 숫자는 위에서부터 90/100/110/120/130/140
※ ▨은 늘어짐 방지 테이프 또는 접착 심지를 붙인다.

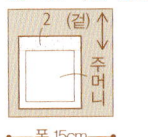

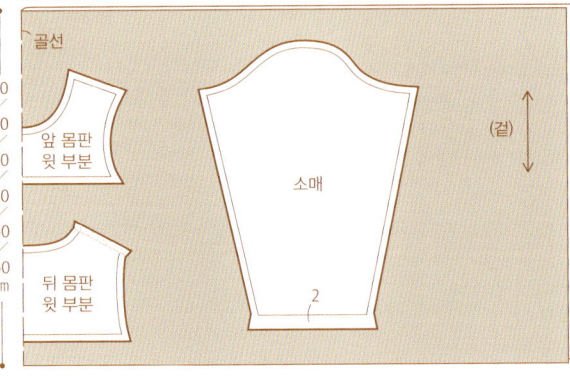

Pattern 3

*08 퍼프 소매 반팔 티셔츠
p.18 / 27 실물 크기 패턴 D면

재료 ※ 옷감 치수는 왼쪽부터
원단 – 물방울 무늬 천축
  폭 135cm X 60/60/70/70/80/80cm
다른 천 – 스판 후라이스 보라
  폭 42cm W x 30cm(전사이즈 공용)

*09 퍼프 소매 긴팔 티셔츠
p.19 / 27 실물 크기 패턴 D면

재료 ※ 옷감 치수는 왼쪽부터
원단 – 핑크 천축
  폭 172cm X 60/60/70/70/80/80cm
다른 천 – 스판 후라이스 핑크
  폭 42cm W x 40cm(전사이즈 공용)

08・09번에 공용
※ 작품 09번은 신축성이 중간 이상의 니트 소재를 사용
  오버록 재봉용 스판 실
  니트용 재봉 실

재봉 방법 순서
p.27의 Process Lesson 참고

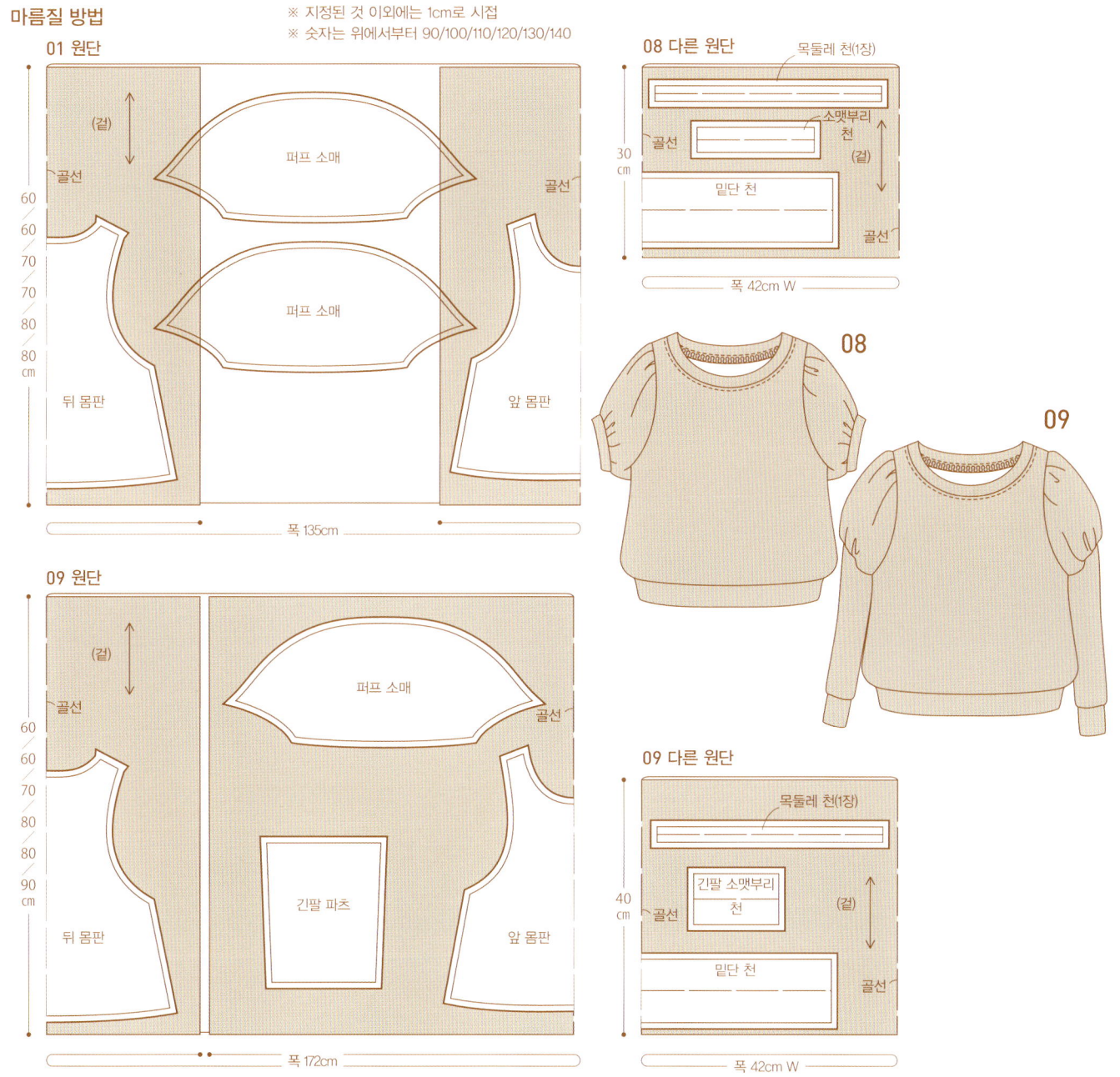

Pattern 2

*05 하늘하늘 레이스 티셔츠
p.16 실물 크기 패턴 A면

재료 ※ 옷감 수치는 왼쪽부터
옷감 – 무지 천축
　　폭 170cm × 50/50/50/60/60cm
니트 레이스 – 폭 80cm × 35cm(전사이즈 공용)
다른 원단 – 스판 후라이스 무지
　　폭 42cm W × 10cm(전사이즈 공용)

*06 하늘하늘 프린트 티셔츠
p.16 실물 크기 패턴 A면

재료 ※ 옷감 수치는 왼쪽부터
옷감 – 꽃무늬 천축
　　폭 110cm × 80/80/80/90/100cm
다른 원단 – 스판 후라이스 무지
　　폭 42cm W × 10cm(전사이즈 공용)

*07 성인용 하늘하늘 티셔츠
p.17 실물 크기 패턴 A면

재료 ※ 옷감 수치는 왼쪽부터
옷감 – 레이온 천축
　　폭 155cm × 110/120/120cm

05·06·07번에 공용　재봉 방법 순서

※ 신축성은 중간 이상의 니트 원단을 사용
오버록 재봉용 스판실
니트용 재봉 실

1 소매 만들기　2 어깨 봉하기　3 몸판에 소매와 옆폭 달기
4 옆구리 봉하기　5 칼라 만들기　6 칼라를 몸판에 연결하기
7 밑단 봉하기

마름질 방법

※ 지정된 것 이외에는 1cm로 시접
※ 숫자는 위에서부터 100/110/120/130/140
S/M/L

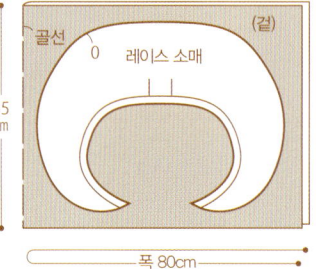

05 니트 레이스

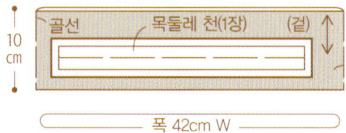

05·06 다른 옷감

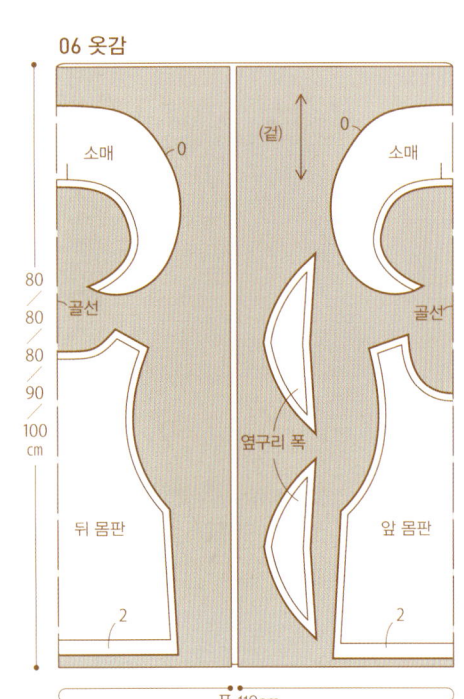

06 옷감

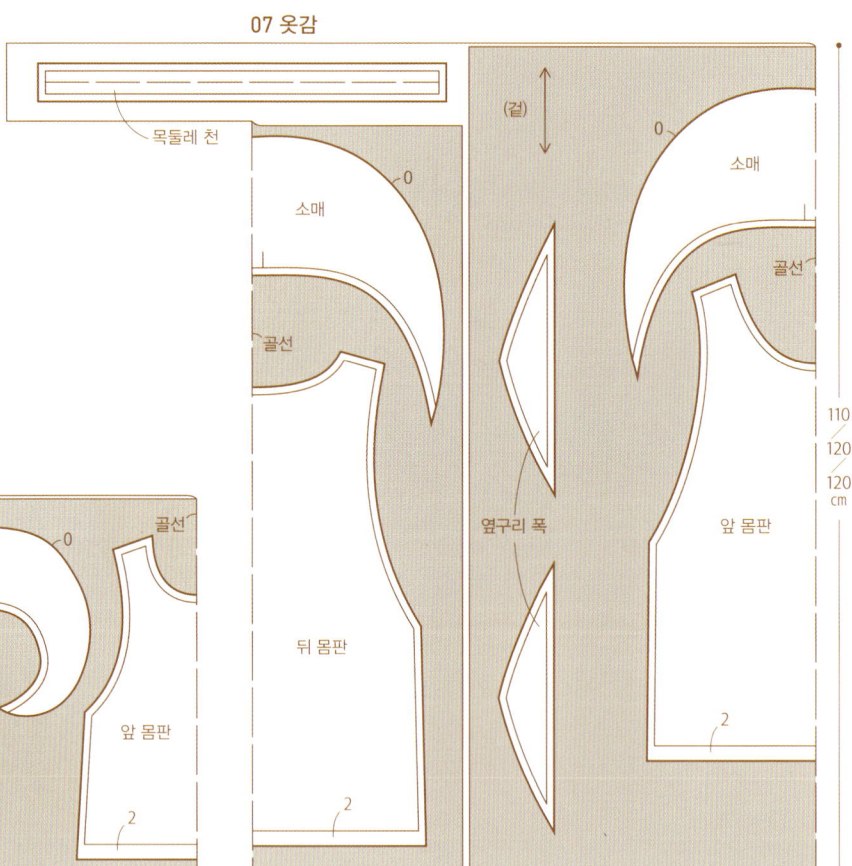

07 옷감

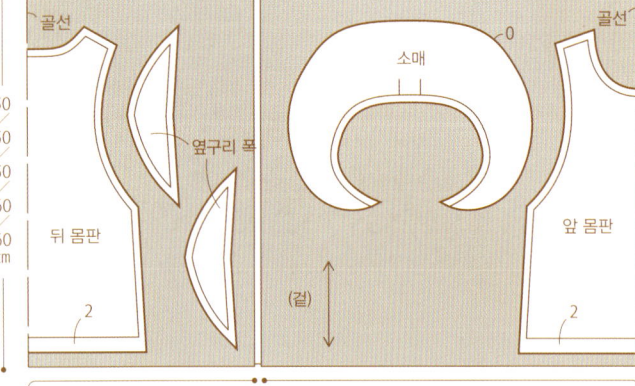

05 옷감

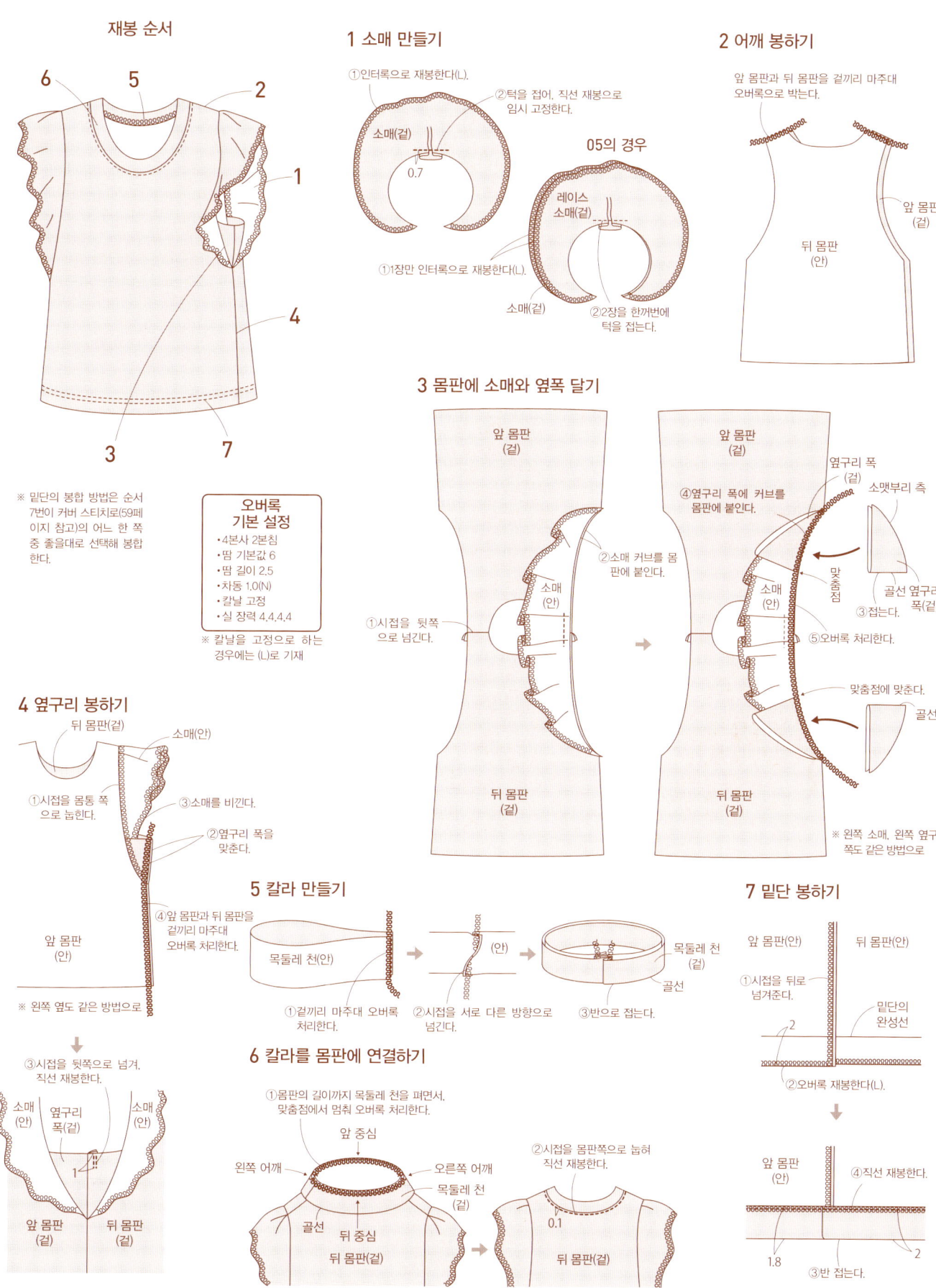

Pattern 4

*10 내추럴 리본 원피스
p.20 실물 크기 패턴 A면

재료 ※ 옷감 수치는 왼쪽부터
옷감 – 무지 천축
　　폭 155cm X 90/90/90/100/100/110cm
다른 옷감 – 스판 후라이스 무지

*11 사과 무늬 리본 원피스
p.20 실물 크기 패턴 A면

재료 ※ 옷감 수치는 왼쪽부터
옷감 – 프린트 스무드
　　폭 155cm X 90/90/90/100/100/110cm
다른옷감 – 스판 후라이스 붉은색
　　폭 42cm W X 20cm(전사이즈공용)

10·11번에 공용
폭 4mm의 고무줄 49/52/54/58/61/64cm
접착 심지 적당량
오버록 재봉용 스판 실
니트용 재봉 실

재봉 방법 순서
1. 리본 만들기
2. 목둘레 천 달기
3. 뒤 안단과 리본 달기
4. 어깨 봉하기
5. 몸판의 옆선 봉하기
6. 소맷부리를 만들고, 달기
7. 스커트 만들기
8. 스커트에 고무 테이프를 붙이고, 몸통에 맞춰 봉하기

마름질 방법

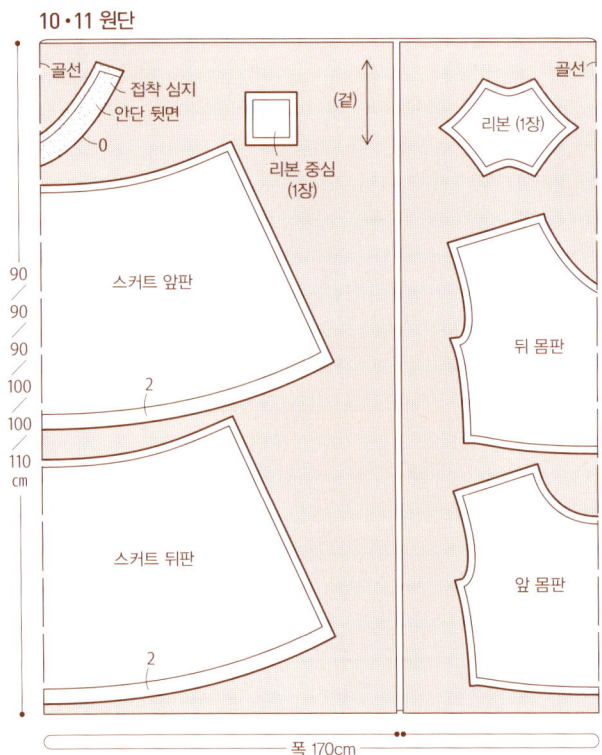

재봉 순서

1 리본 만들기

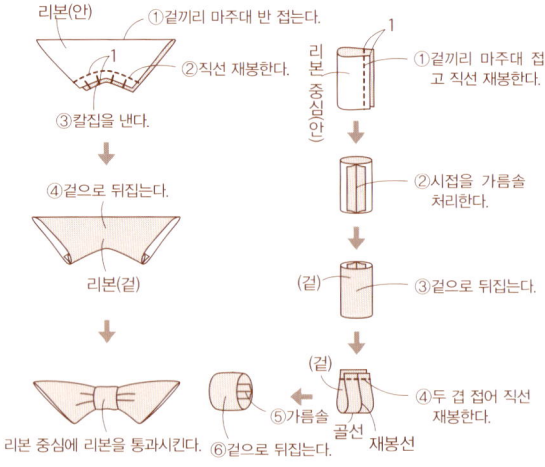

※ 지정된 것 이외에는 1cm로 시접
※ 숫자는 위에서부터 90/100/110/120/130/140
※ ▨ 은 접착 심지를 붙인다.

2 목둘레 천 달기

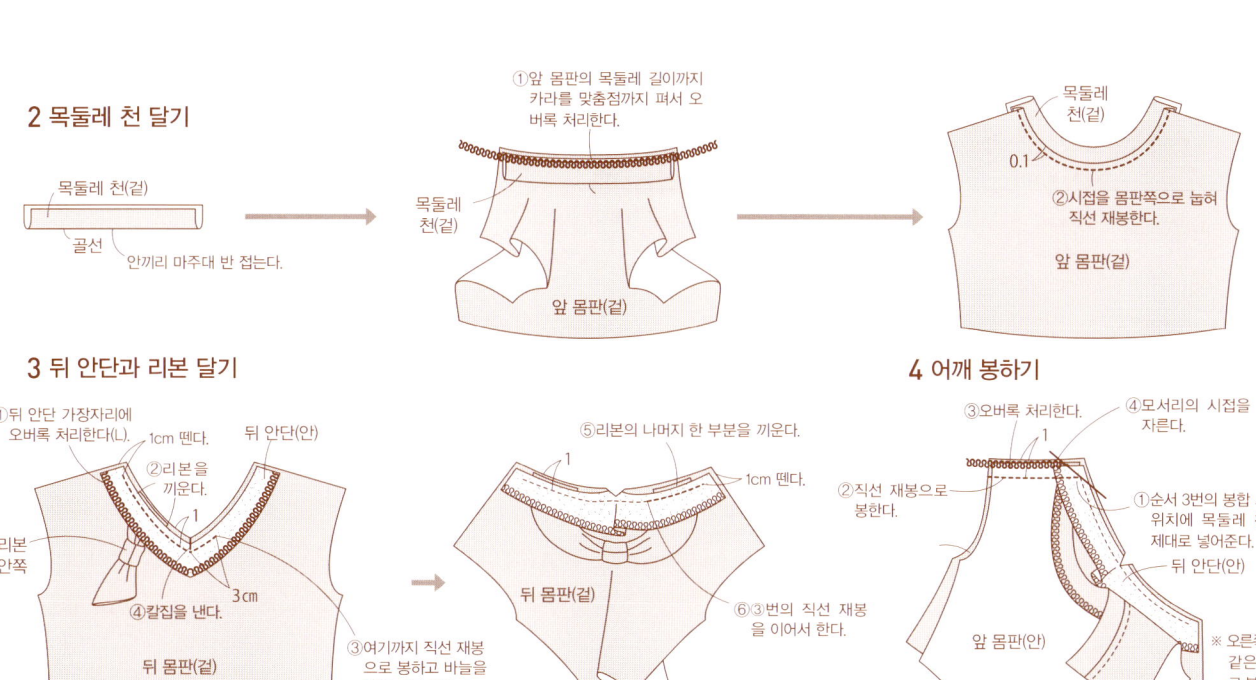

3 뒤 안단과 리본 달기

4 어깨 봉하기

5 몸판의 옆선 봉하기

6 소맷부리를 만들고, 달기

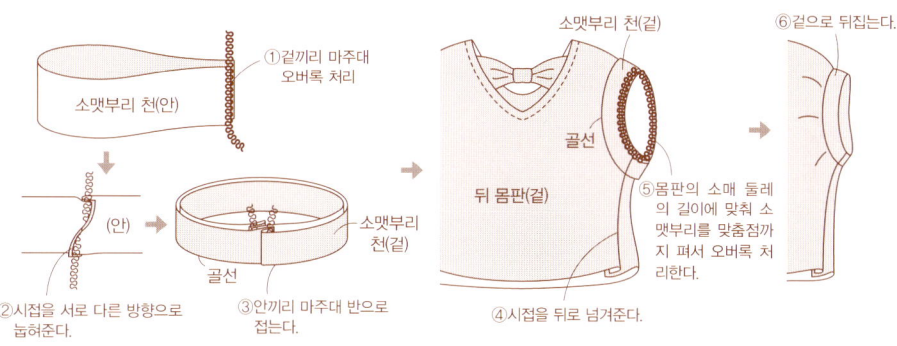

7 스커트 만들기

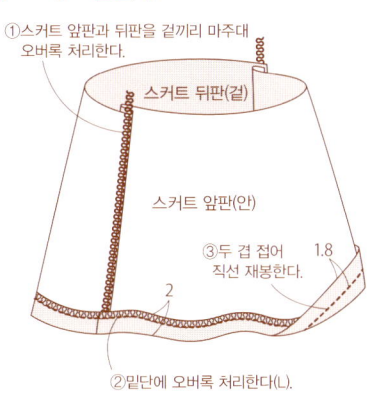

8 스커트에 고무 테이프를 붙이고, 몸판에 맞춰 봉하기

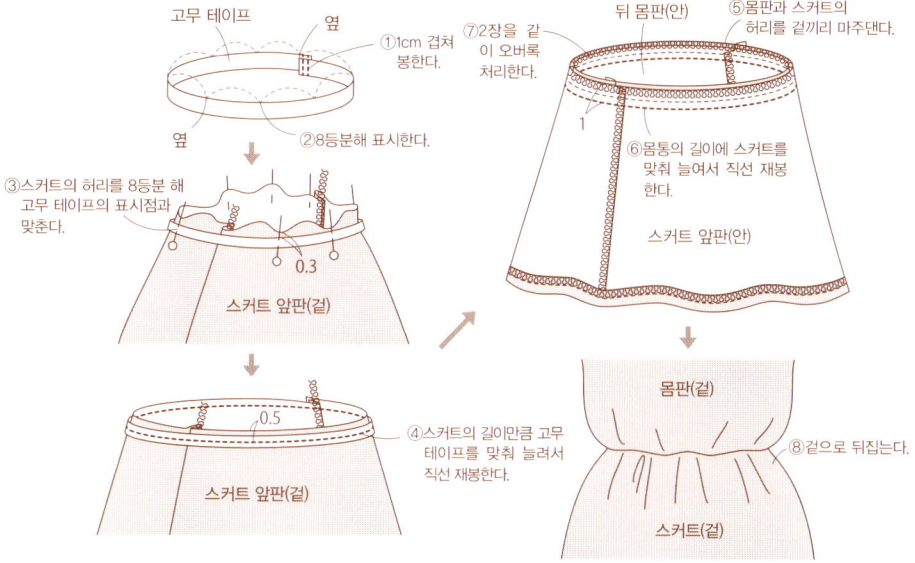

Pattern 5

★12 핑크 빅 티셔츠
p.21 실물 크기 패턴 B면

재료 ※ 옷감 수치는 왼쪽부터
옷감 – 핑크 천축
　　폭 175cm X 60/60/60/70/70cm
다른 천 – 면 스트라이프
　　폭 25cm X 20cm(전사이즈 공용)

★14 울 빅 티셔츠
p.21 실물 크기 패턴 B면

재료 ※ 옷감 수치는 왼쪽부터
옷감 – 그레이 압축 니트
　　폭 130cm X 60/60/60/70/70cm
다른 천 – 검은색 울
　　폭 25cm X 20cm(전사이즈 공용)

12·14 번에 공용
접착 심지 적당량
오버록 재봉용 스판 실
니트용 재봉 실

재봉 방법 순서
1 리본 만들기
2 칼라 만들기
3 어깨 봉합하기
4 칼라 달기
5 소매 달기
6 옆과 소매 아래 봉하기
7 소맷부리와 밑단 봉하기

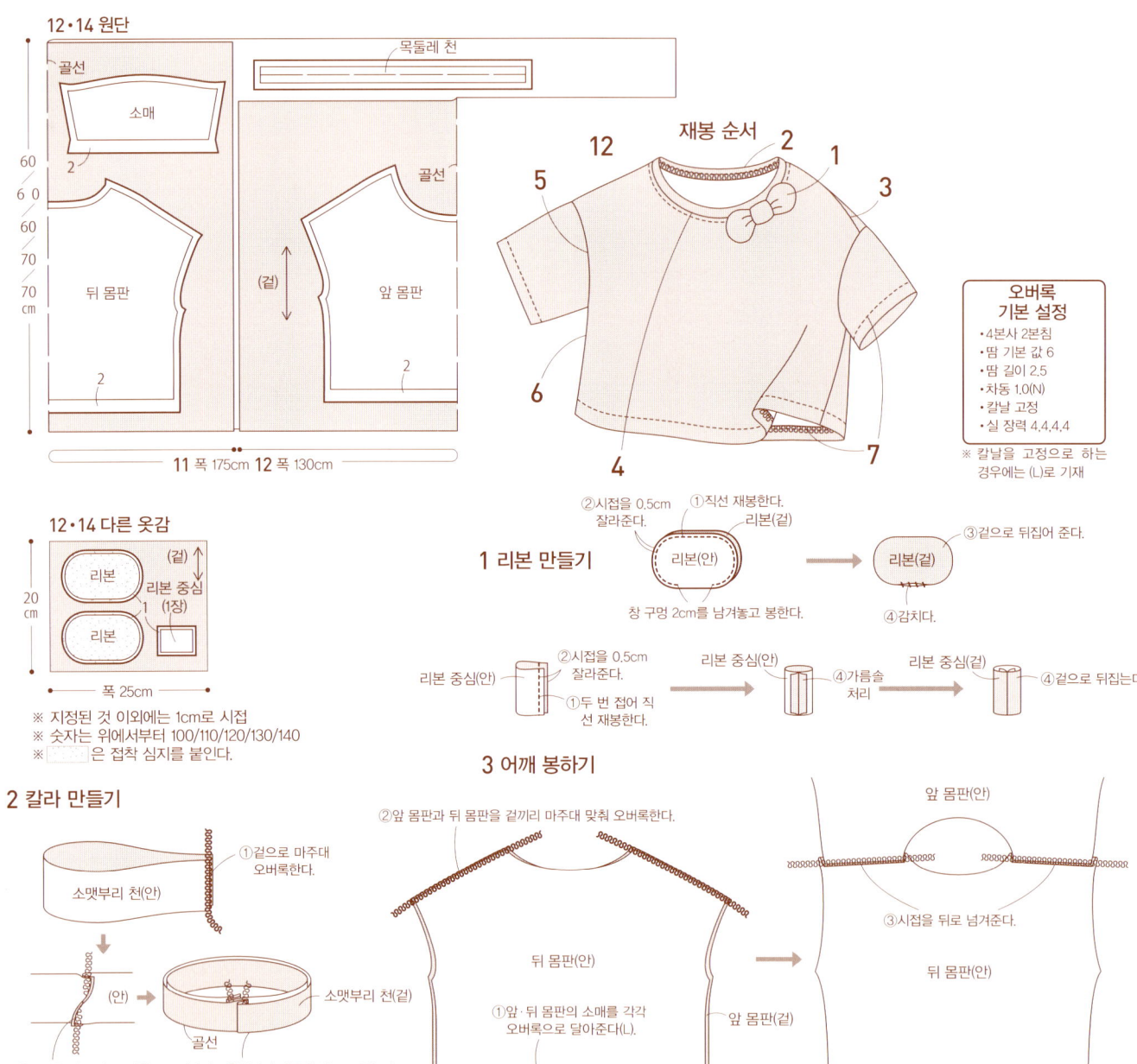

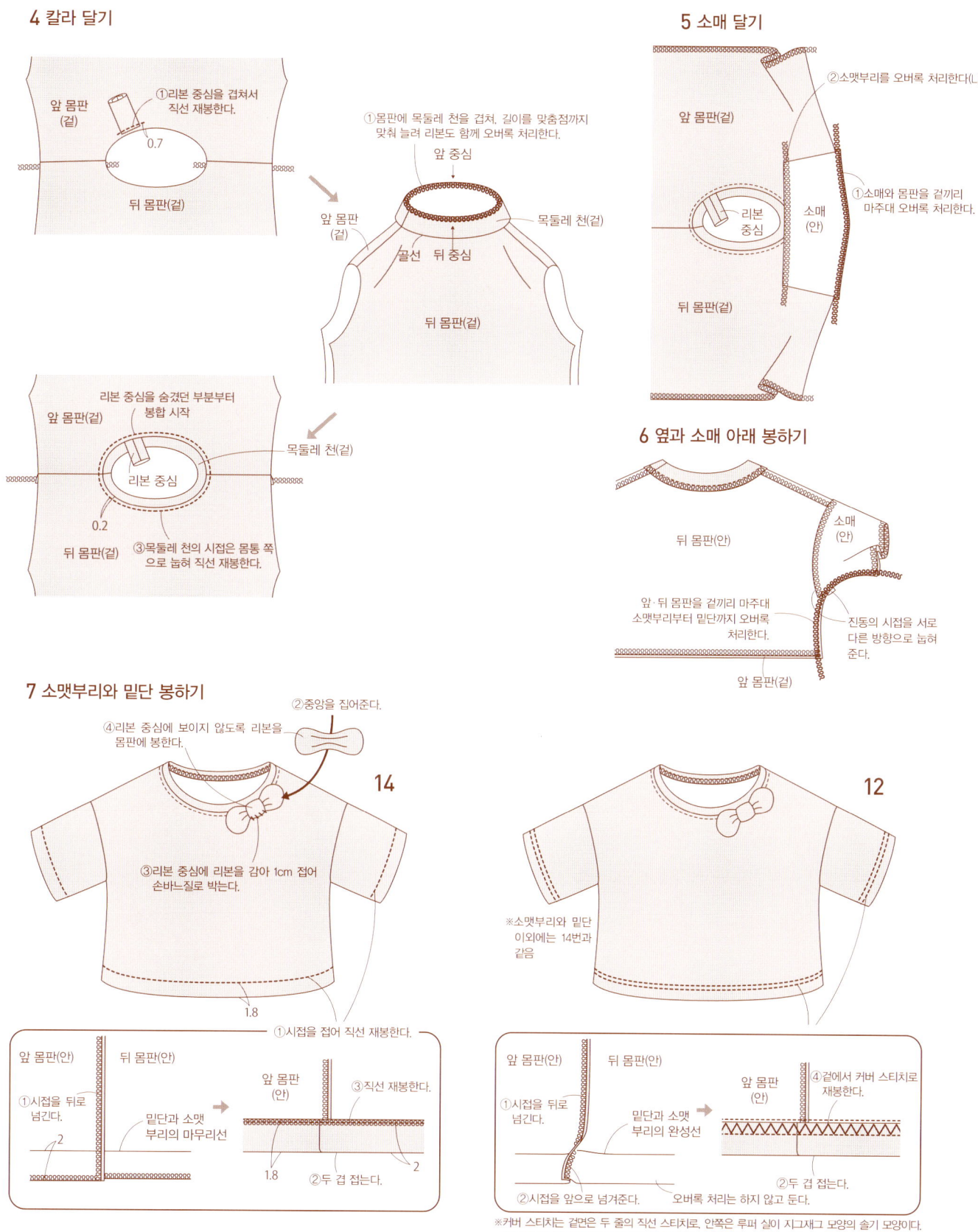

Pattern 6

*13 하이백 캐미솔
p.21 실물 크기 패턴 C면

재료
옷감 – 핑크 천축
　　　폭 175cm x 40cm(전사이즈 공용)
다른 옷감 – 면 스트라이프
　　　폭 136cm x 60cm(전사이즈 공용)
※ 어깨끈의 실물 크기 패턴지는 없다. 아래 기재된 사이즈에 양측의 시접을 붙여, 직접 재단하면 된다.

*21 레이스 캐미솔
p.32 실물 크기 패턴 C면

재료
옷감 – 그레이 천축
　　　폭 135cm x 60cm(전사이즈 공용)
폭 8cm 레이스 길이는 아래 기재된 표를 참고
※ 어깨끈은 실물 크기 패턴에 없다. 아래 기재된 사이즈에 양측의 시접을 붙여, 직접 재단하면 된다.

13·21번에 공용
오버록 재봉용 실
니트용 재봉 실

재봉 방법 순서
1. 몸판의 윗 가장자리 봉하기
2. 어깨끈을 몸판에 달기
3. 몸판의 옆면 봉하기
4. 프릴 만들기(13번만)
5. 몸면과 프릴 봉합하기(13번만)
★4 밑단 봉하기(21번만)

마름질 방법
※ 지정된 것 이외에는 1cm로 시접
※ 숫자는 위에서부터 100/110/120/130/140

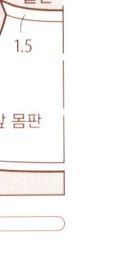

재봉 순서

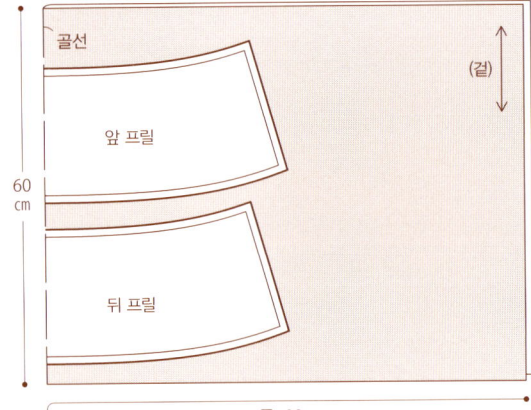

오버록 기본 설정
• 4본사 2본침
• 땀 기본값 6
• 땀 길이 2.5
• 차동 1.0(N)
• 칼날 고정
• 실 장력 4,4,4,4

※ 칼날을 고정으로 하는 경우에는 (L)로 기재

1 몸판의 윗 가장자리 봉하기

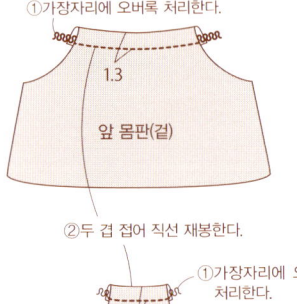

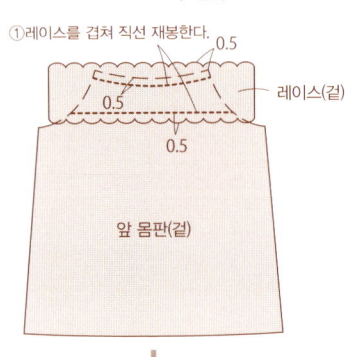

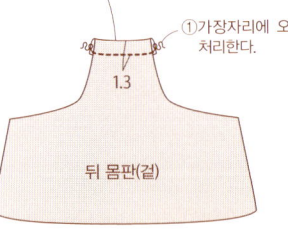

	100	110	120	130	140
○ 뒤	17.5	18.5	20	21	22
◎ 어깨끈	13	13	13.5	14	14
● 앞	10	11	11.5	12	13
☆	4	4	4	4	4
레이스(21번만)	30	30	32	32	35

2 어깨끈을 몸판에 달기

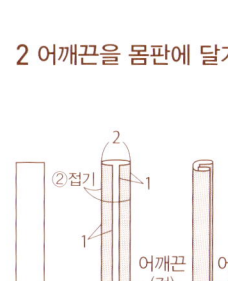
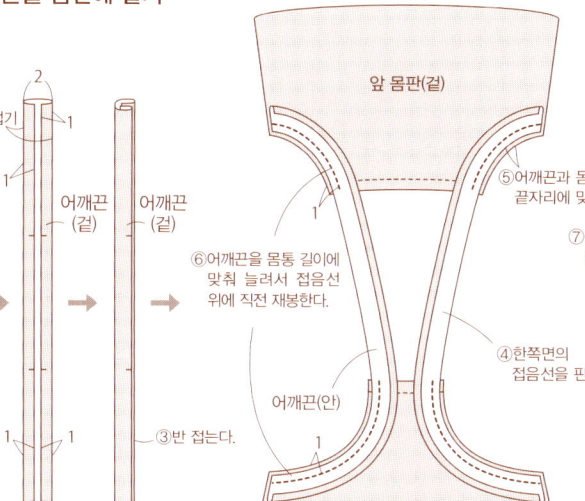
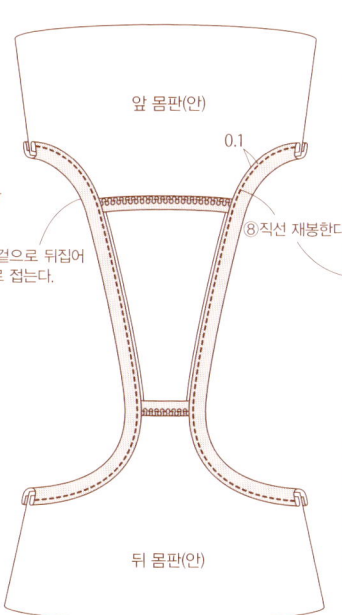
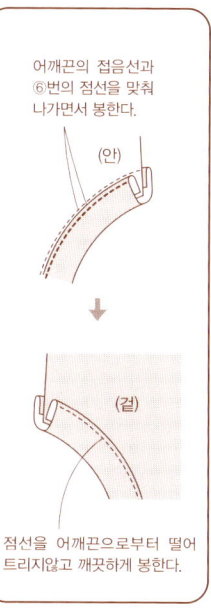

3 몸판의 옆면 봉하기

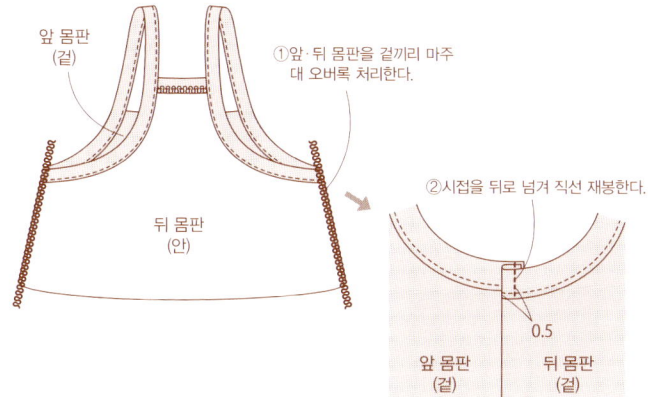

4 프릴 만들기 (13번만)

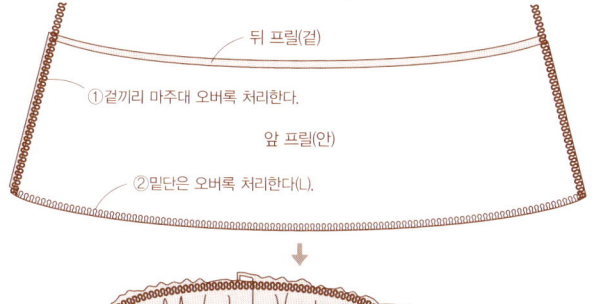
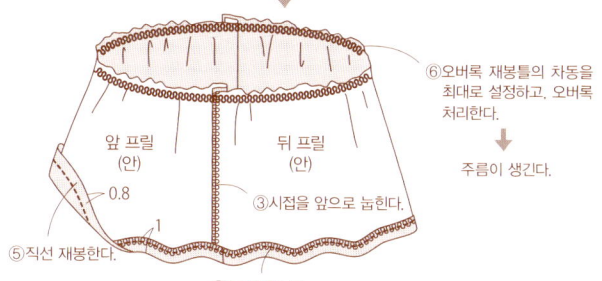

5 몸판과 프릴 봉합하기 (13번만)

★4 밑단 봉하기 (21번만)

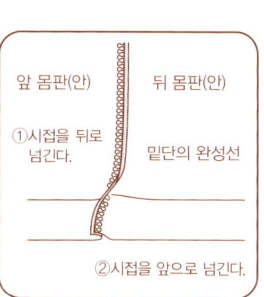

※ 커버 스티치가 없는 경우의 가장자리 오버록 처리한 곳을 두 겹 접어 직선 재봉한다. (59페이지 참고)

Pattern 7

*15 보트넥 반팔 티셔츠
p.22 실물 크기 패턴 B면

재료 ※ 옷감 폭은 왼쪽부터 100/110/120/130/140
옷감 – 줄무늬 쌍사천축
　　폭 180cm X 50/50/50/60/60cm
다른 옷감 – 후라이스 립
　　폭 42cm W X 20cm(전사이즈 공용)

*16 보트넥 6부 티셔츠
p.23 실물 크기 패턴 B면

재료 – 15번 작품과 같음

---

15 · 16 · 17 번에 공용

※ 몸판은 신축성 낮음~중간 정도의 니트 원단 사용
※ 어깨 옆폭은 신축성이 높은 니트 옷감을 사용
　오버록 재봉용 스판 실
　니트용 재봉 실

*17 성인용 보트넥 티셔츠
p.23 실물 크기 패턴 B면

재료 ※ 옷감 수치는 왼쪽부터 S/M/L
옷감 – 줄무늬 쌍사천축 폭 180cm X 110/110/120cm
다른 옷감 – 후라이스 립 폭 42cm W X 30cm(전사이즈 공용)

재봉 방법 순서
1 앞 칼라에 어깨 옆폭 달기
2 어깨와 뒷 칼라 봉하기
3 소매 달기
4 옆과 소매 아래 봉하기
5 밑단 봉하기
6 슬릿 봉하기
7 소맷부리 봉하기

※ 지정된 것 이외에는 1cm로 시접
※ 숫자는 위에서부터 100/110/120/130/140

오버록 기본 설정
- 4본사 2본침
- 땀 기본값 6
- 땀 길이 2.5
- 차동 1.0(N)
- 칼날 고정
- 실 장력 4,4,4,4

※ 칼날을 고정으로 하는 경우에는 (L)로 기재

마름질 방법

15 · 16 원단
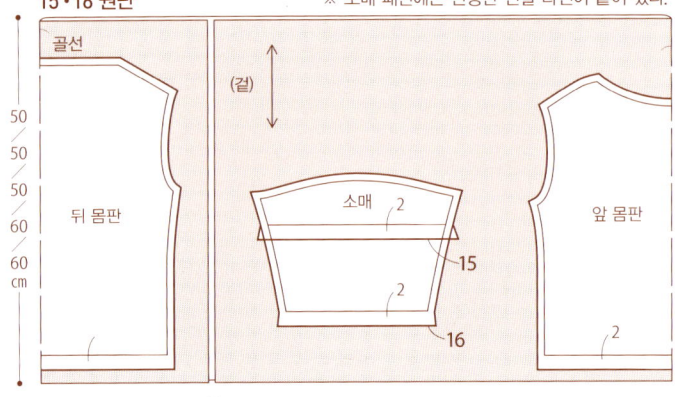

15 · 16 다른 원단

17 원단
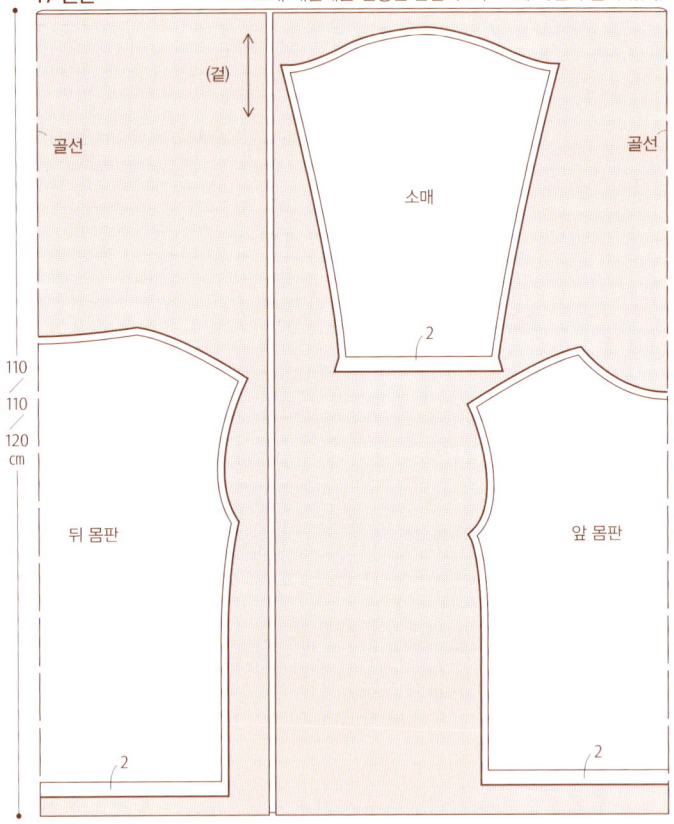

17 다른 원단

재봉 순서
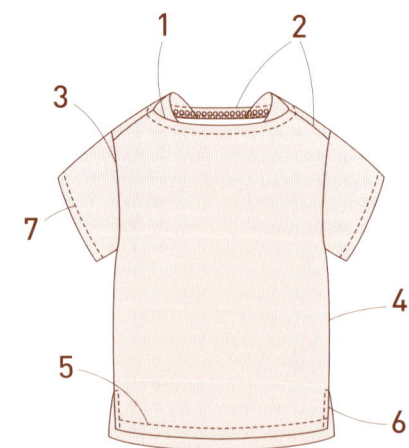

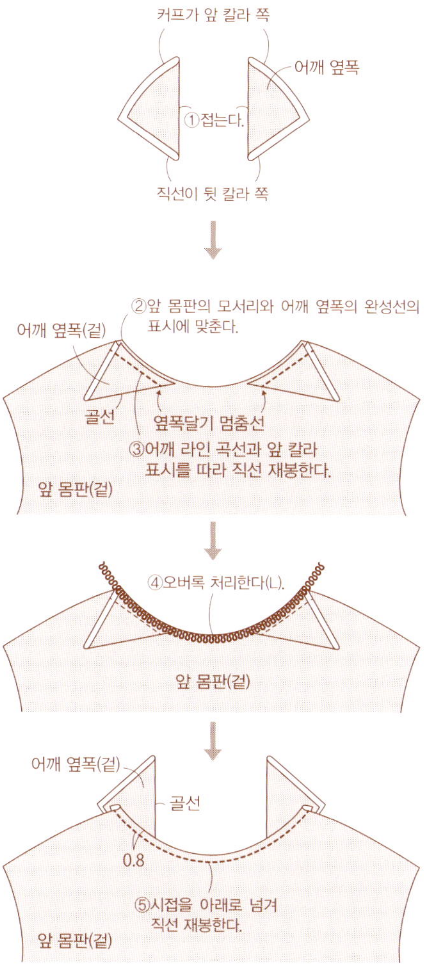

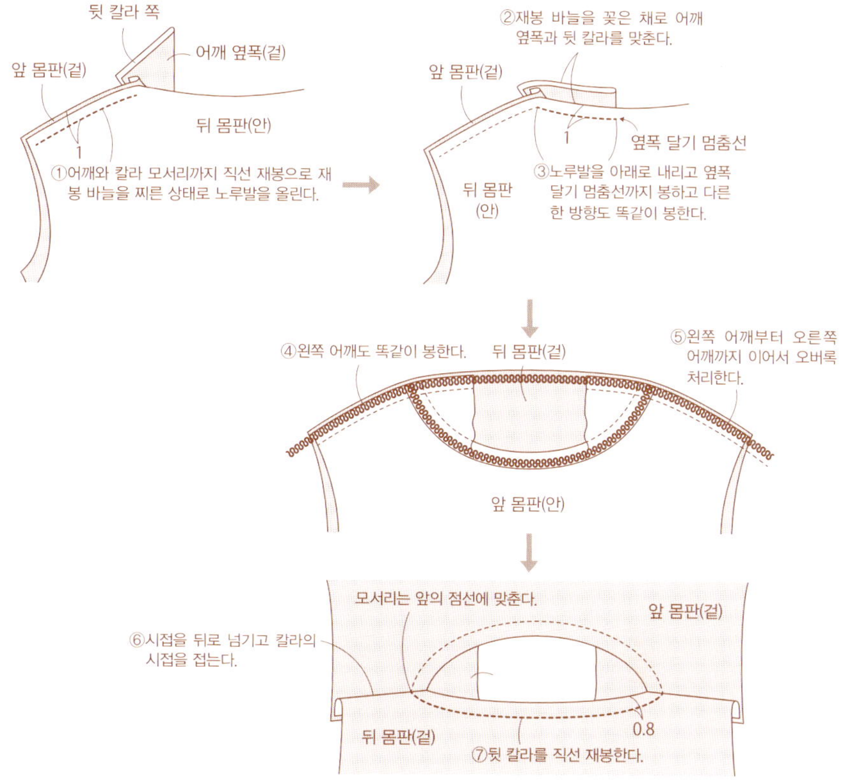

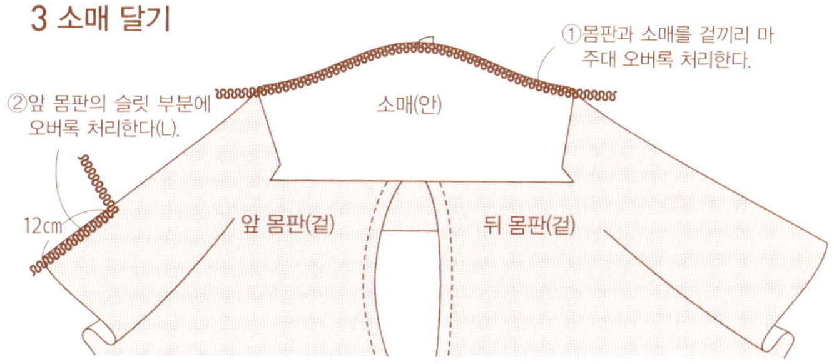

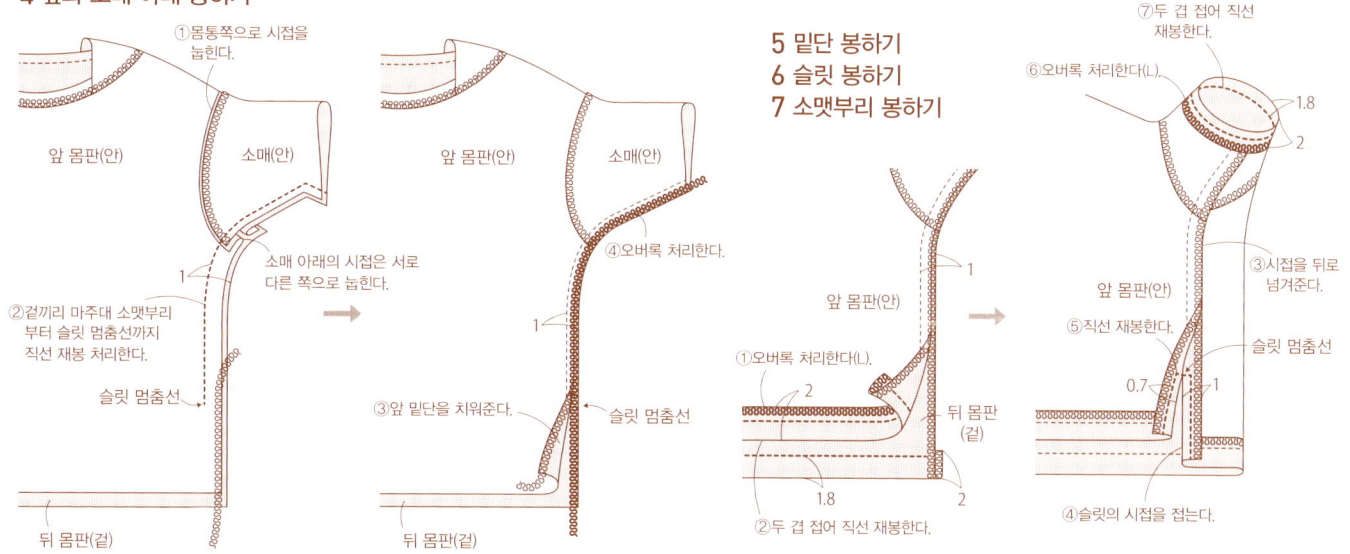

Pattern 8

*18 리본 서큘러 큐롯
p.30 / p.36
실물 크기 패턴 B면

재료 ※ 옷감 폭은 왼쪽부터 100/110/120/130/140
원단 – 펀치 니트
　　　폭 160cm × 60/60/70/70/80cm
납작 고무줄 2cm 27.5/28/29.5/30.5/32cm
※ 허리 고무줄은 아이에 맞춰서 조절한다.

*19 물방울 무늬 서큘러 큐롯
p.30 / p.36
실물 크기 패턴 B면

재료 ※ 옷감 폭은 왼쪽부터 100/110/120/130/140
원단 – 물방울 천축
　　　폭 135cm × 60/60/70/80/90cm
다른 원단 – 스판 후라이스
　　　폭 42cm W × 20cm(전사이즈 공용)
납작 고무줄 폭 2cm 49/50/53/55/58cm
※ 허리 고무줄은 아이에 맞춰서 조절한다.

*20 성인용 서큘러 큐롯
p.31 / p.36
실물 크기 패턴 D면

재료 ※ 옷감 폭은 왼쪽부터 S/M/L
원단 – 펀치 니트
　　　폭 160cm × 130/140/150cm
다른 원단 – 스판 후라이스
　　　폭 40cm W × 50cm(전사이즈 공용)
납작 고무줄 폭 2cm 57/61/69cm
※ 허리 고무줄은 자신의 허리에 맞춰서 조절한다.

18·19·20번에 공용
오버록 재봉용 스판 실
니트용 재봉 실

재봉 방법 순서
p.36의 Process Lesson 참고

※ 지정된 것 이외에는 1cm로 시접
※ 숫자는 위에서부터 100/110/120/130/140

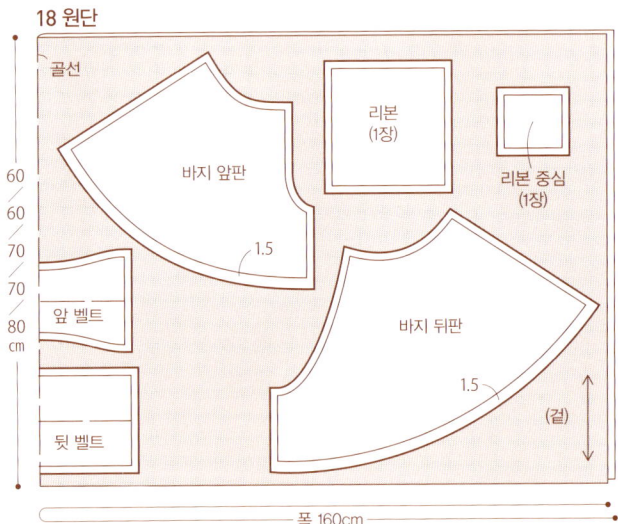

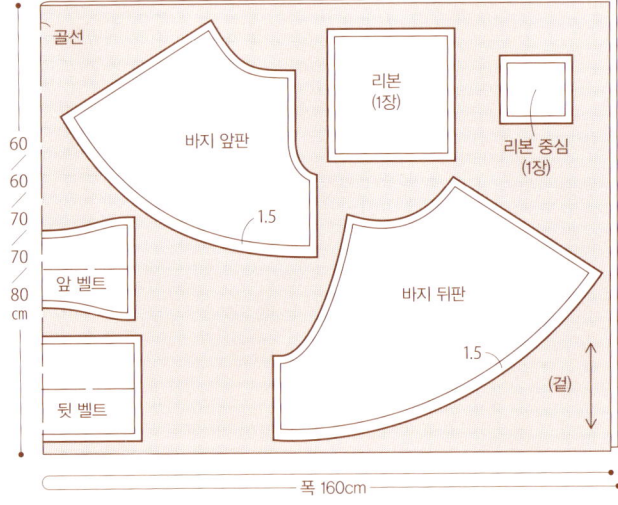

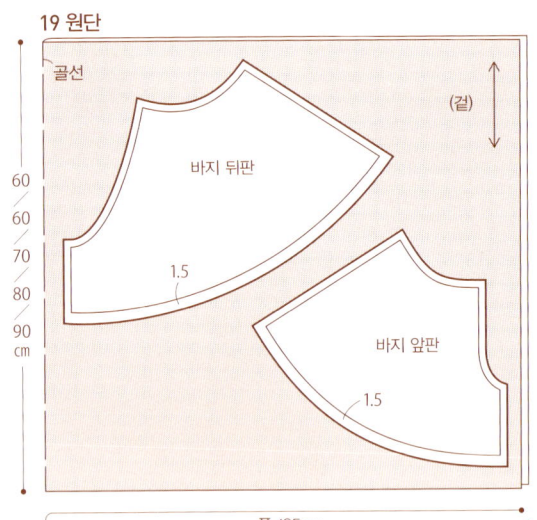

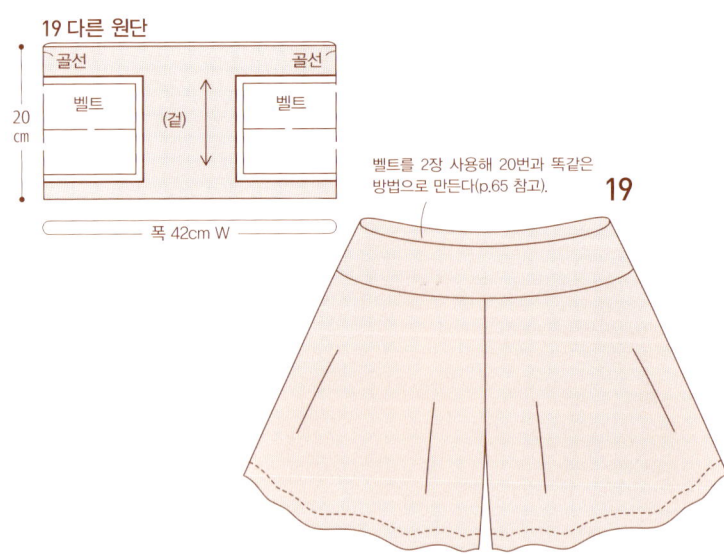

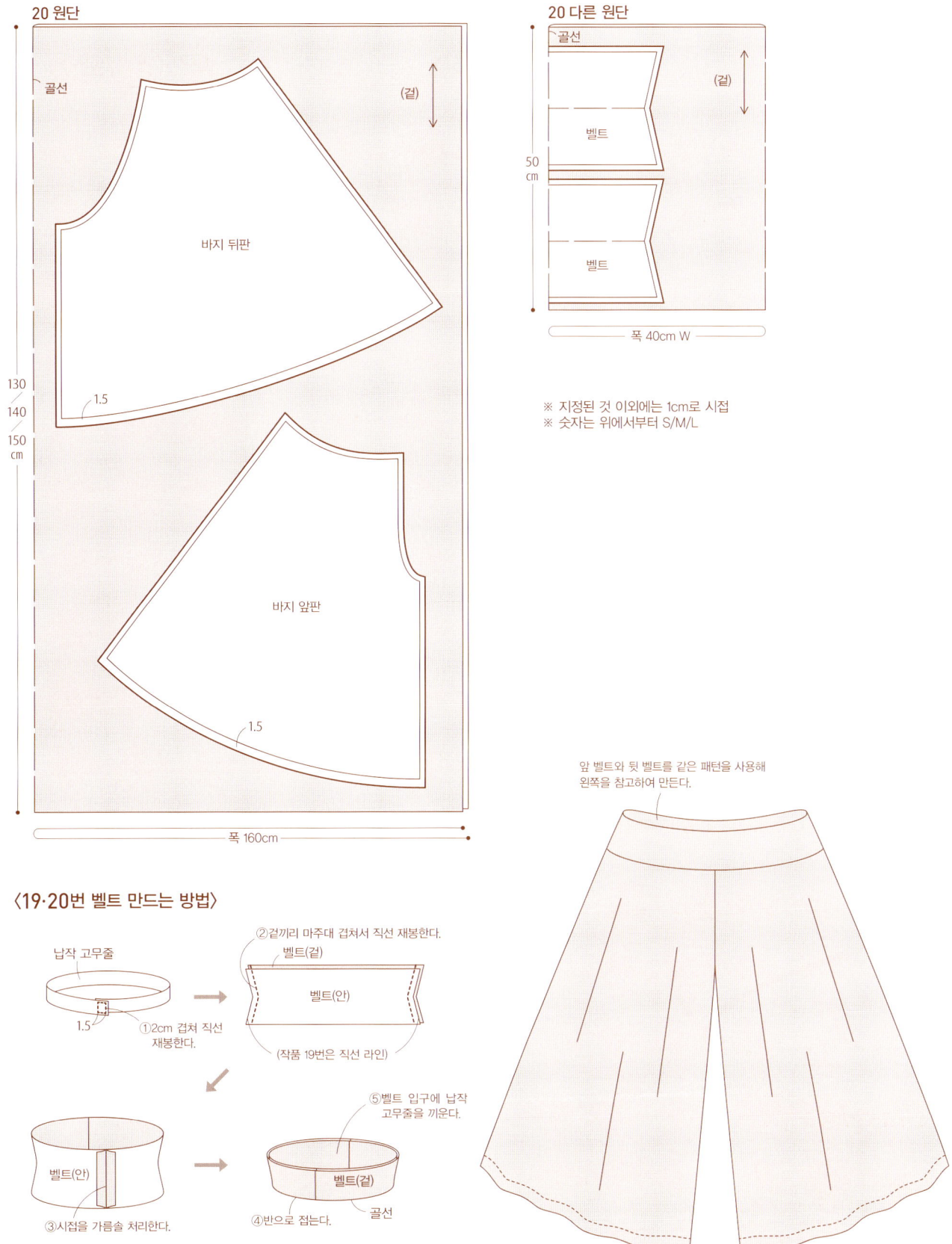

Pattern 9

*22 데님 니트 주름 스키니
p.32 실물 크기 패턴 B면

재료 ※ 옷감 폭은 왼쪽부터 100/110/120/130/140
원단 – 데님 스타일 이모생지
　　　160cm X 90/90/100/100/110cm
다른 원단 – 스판 후라이스
　　　폭 45cm W X 10cm(전사이즈 공용)
납작 고무줄 폭 2cm 49/50/53/55/58cm
고무줄 폭 8.5mm(시접분 포함) 26/29/30/31/32cm(하드 타입)
※ 허리 고무줄은 아이에 맞춰서 조절한다.

*23 카모플라쥬 주름 스키니
p.33 실물 크기 패턴 B면

재료 ※ 옷감 폭은 왼쪽부터 100/110/120/130/140
원단 – 카모플라쥬 무늬 스트레치 가쯔라기
　　　130cm X 100/100/110/110/120cm
다른 원단 – 스판 후라이스
　　　폭 45cm W X 10cm(전사이즈 공용)
납작 고무줄 폭 2cm 49/50/53/55/58cm
고무줄 폭 8.5mm(시접분 포함) 26/29/30/31/32cm(하드 타입)
※ 허리 고무줄은 아이에 맞춰서 조절한다.

22・23번에 공용
※ 바지 원단은 반드시 니트 옷감 또는 스트레치가 들어간 원단을 사용한다.
　적찹 심지 적당량, 직경 1.5cm 정도의 단추 2개(23번만)
　오버록 재봉용 스판 실
　니트용 재봉 실

재봉 방법 순서
1. 뒷주머니 만들어 붙이기
2. 앞주머니를 뒤집어 바지 앞판과 봉합하기
3. 바지 앞판과 뒷판의 옆 봉합하기
4. 오른쪽 옆주머니 만들어 달기(23번만)
5. 밑아래 박기
6. 허벅지 둘레 박기
7. 벨트 달기
8. 밑단 봉하기

마름질 방법

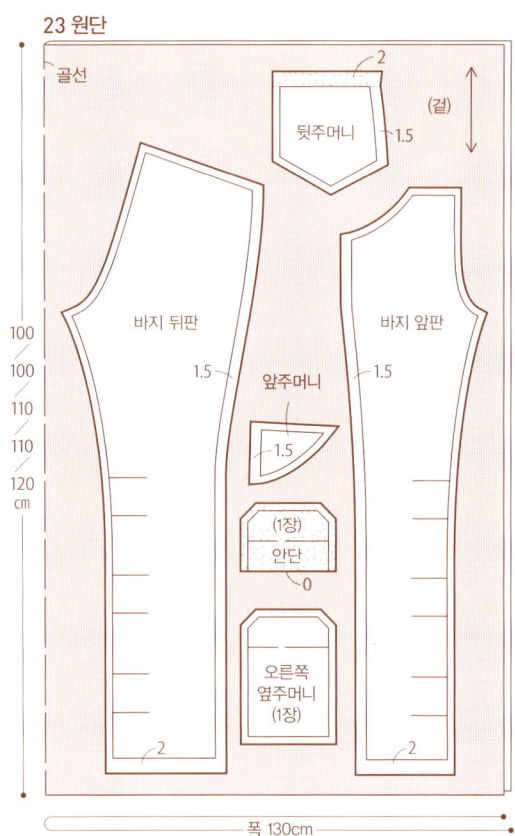

23 원단

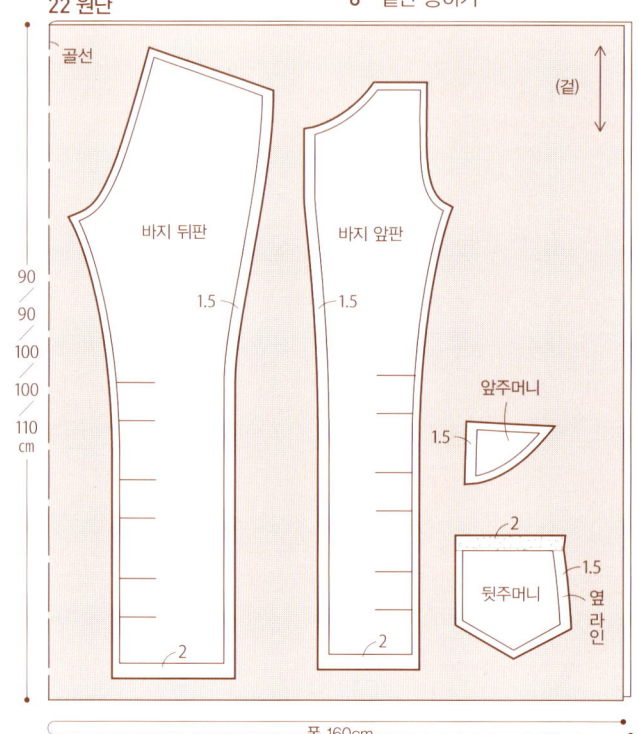

22 원단

22・23 원단

※ 지정된 것 이외에는 1cm로 시접
※ 숫자는 위에서부터 100/110/120/130/140
※ ▨ 은 접착 심지를 붙인다.

재봉 순서

오버록 기본 설정
- 4본사 2본침
- 땀 기본값 6
- 땀 길이 2.5
- 차동 1.0(N)
- 칼날 고정
- 실 장력 4,4,4,4

※ 칼날을 고정으로 하는 경우에는 (L)로 기재

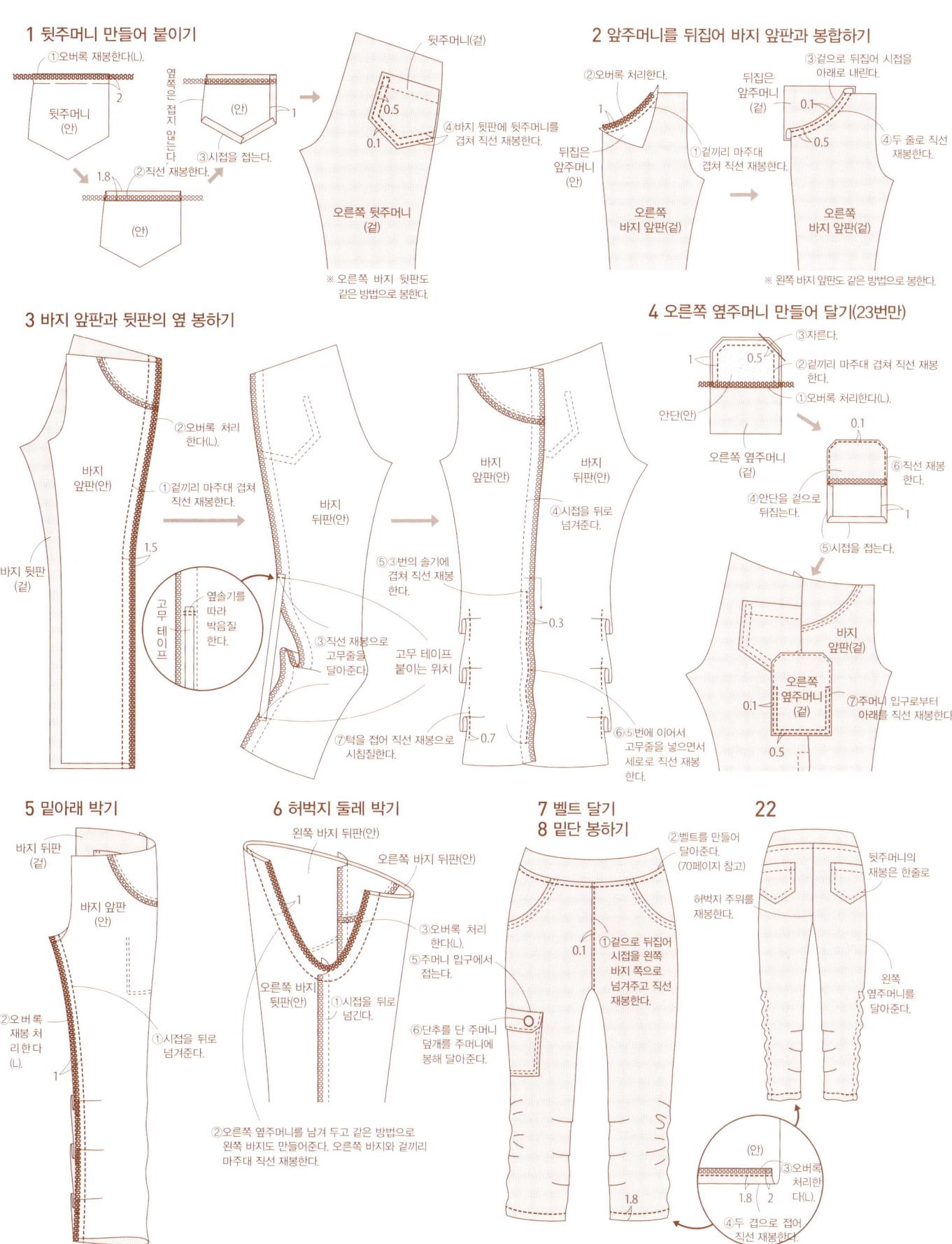

Pattern 10

*04 치노 팬츠
p.15 실물 크기 패턴 A면

재료 ※ 옷감 폭은 왼쪽부터 100/110/120/130/140
원단 – 치노 클로스
　　115cm X 90/90/100/110/120cm
다른 원단A – 스판 후라이스
　　폭 40cm W X 10cm(전사이즈 공용)
다른 원단B – 면 체크 폭 40cm X 30cm(전사이즈 공용)
납작 고무줄 폭 2cm 49/50/53/55/58cm
※ 허리 고무줄은 아이에 맞춰서 조절한다.

*24 보이프렌드 데님
p.34 실물 크기 패턴 A면

재료 ※ 옷감 폭은 왼쪽부터 100/110/120/130/140
원단 – 8온스 데님
　　138cm X 80/90/90/100/110cm
다른 원단A – 스판 후라이스
　　폭 40cm W X 10cm(전사이즈 공용)
다른 원단B – 면 체크 폭 40cm X 30cm(전사이즈 공용)
납작 고무줄 폭 2cm 49/50/53/55/58cm
※ 허리 고무줄은 아이에 맞춰서 조절한다.

*25 데님 숏 팬츠
p.35 실물 크기 패턴 A면

재료 ※ 옷감 폭은 왼쪽부터 100/110/120/130/140
원단 – 8온스 데님
　　138cm X 60/60/60/70/70cm
다른 원단A – 스판 후라이스
　　폭 40cm W X 10cm(전사이즈 공용)
다른 원단B – 면 체크 폭 40cm X 30cm(전사이즈 공용)
납작 고무줄 폭 2cm 49/50/53/55/58cm
※ 허리 고무줄은 아이에 맞춰서 조절한다.

04 · 24 · 25 번에 공용
※ 데님은 6~8온스 정도를 사용한다.
　오버록 재봉용 스판 실
　니트용 재봉 실

재봉 방법 순서
1　뒷주머니를 만들어 달기
2　바지 뒤판에 요크 달기
3　뒷쪽의 밑위 봉하기
4　바지 앞판의 주머니 만들기
5　바지 앞트임을 박음질하기
6　앞쪽 밑위 박기
7　밑아래 봉하기
8　옆선 봉하기
9　벨트 만들기
10　바지에 벨트 달기
11　밑단 봉하기

마름질 방법

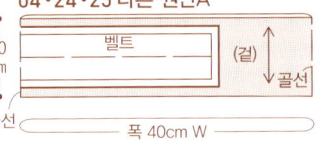

04 · 24 · 25 다른 원단A

04 · 24 · 25 다른 원단B

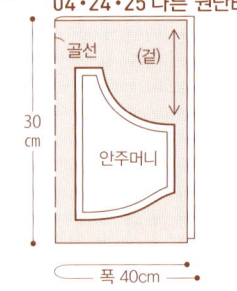

※ 지정된 것 이외에는 1cm로 시접
※ 숫자는 위에서부터 100/110/120/130/140

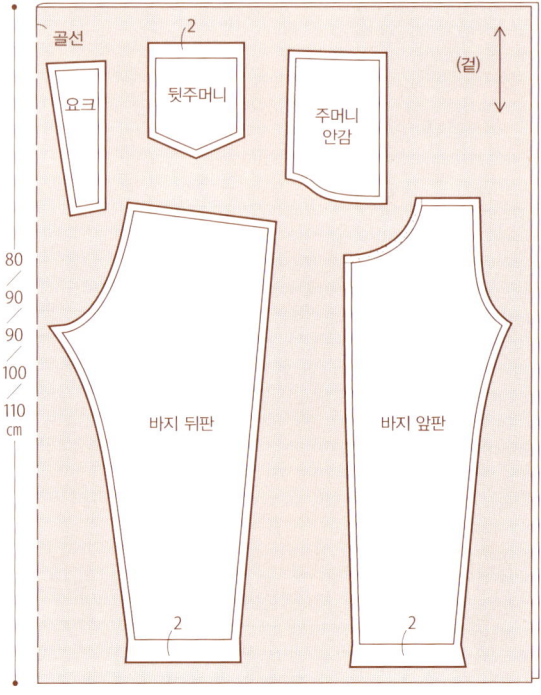

24 원단

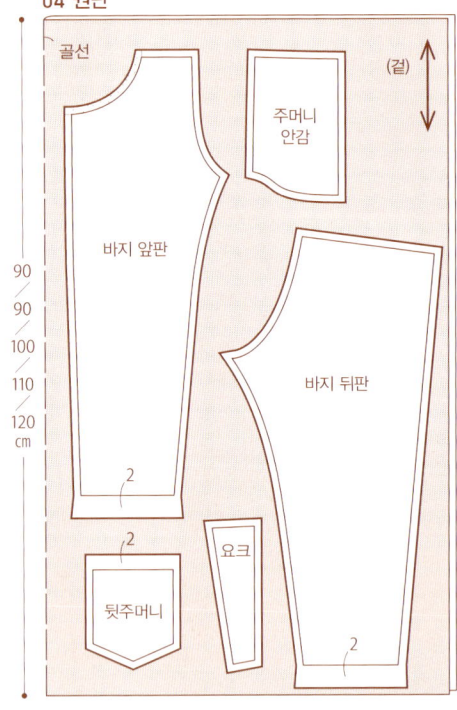

04 원단

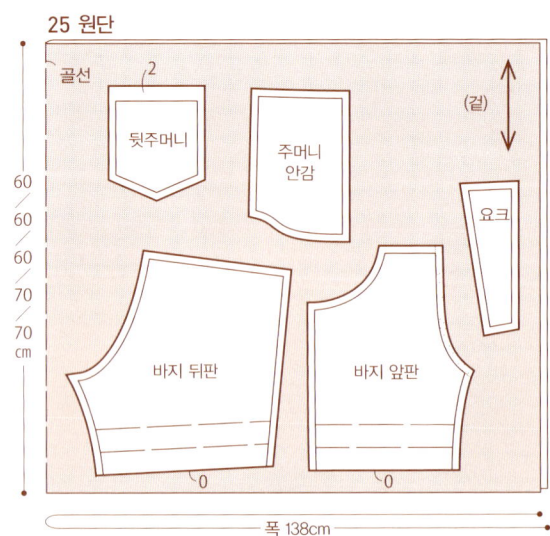

25 원단

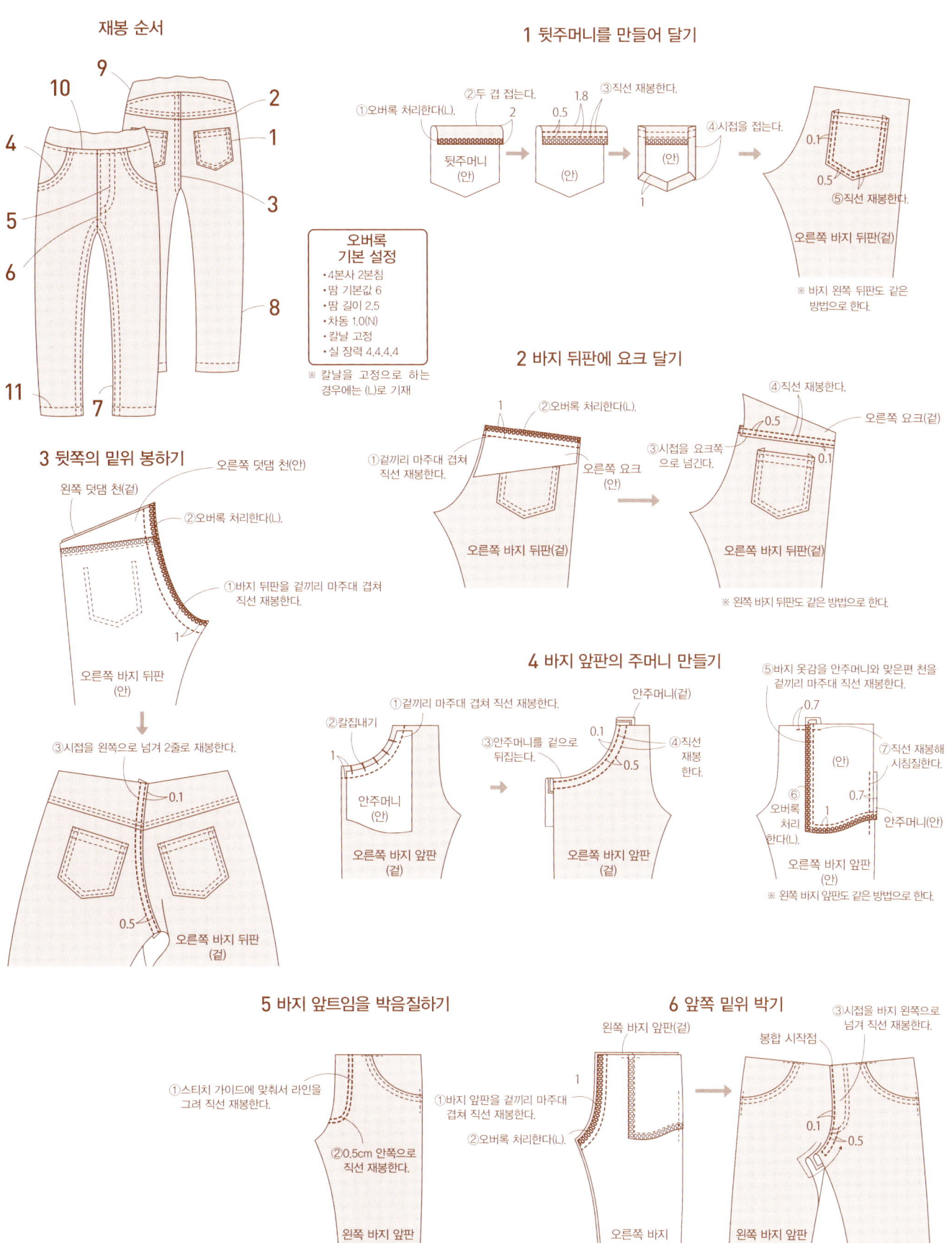

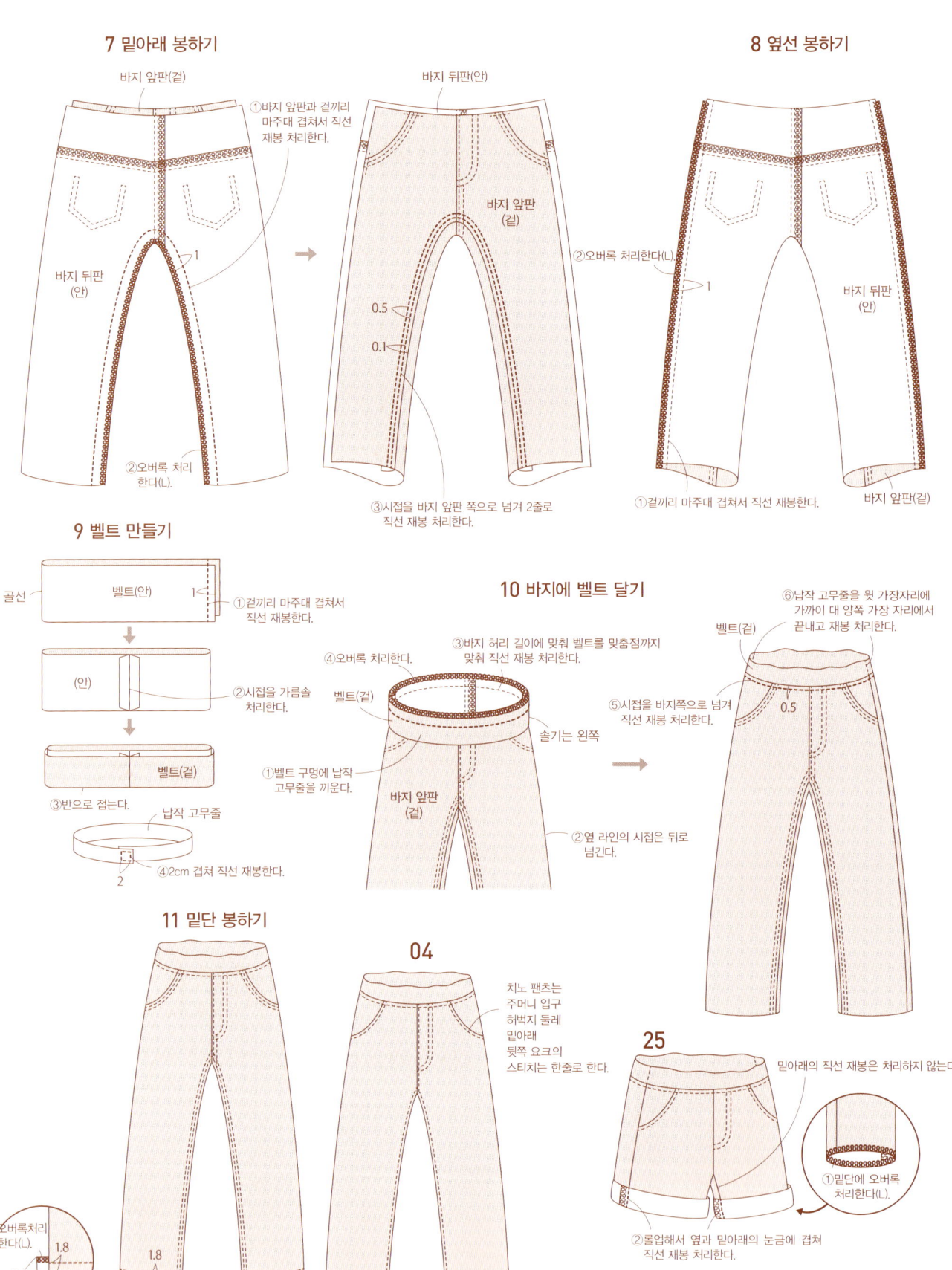

Pattern 11

*26 배색 풀오버
p.38 실물 크기 패턴 C면

재료 ※ 옷감 폭은 왼쪽부터 100/110/120/130/140
원단 – 자카드 니트
　　　폭 170cm X 50/50/50/60/60cm
다른 원단A – 검은색 천축
　　　폭 160cm X 50/60/60/60/70cm
다른 원단B – 스판 후라이스 폭 30cm X 30cm(전사이즈 공용)

*27 슬릿 풀오버
p.39 실물 크기 패턴 C면

재료 ※ 옷감 폭은 왼쪽부터 100/110/120/130/140
원단 – 줄무늬 이모생지 니트
　　　폭 160cm X 80(전사이즈 공용)
다른 원단 – 스판 후라이스
　　　폭 40cm W X 30cm(전사이즈 공용)

*28 슬릿 파카
p.39 실물 크기 패턴 C면

재료 ※ 옷감 폭은 왼쪽부터 100/110/120/130/140
원단 – 이모생지 니트
　　　폭 165cm X 90/90/100/110/120cm

26・27・28 번에 공용
오버록 재봉용 스판 실
니트용 재봉 실

재봉 방법 순서
1 후드 만들기(28번만)
2 소맷부리 만들기
3 소매 만들어 소맷부리 달기
4 주머니를 만들어, 앞 몸판에 달기(28번만)
5 앞 몸판과 뒤 몸판을 봉합해 소매 달기
6 밑단 천 만들기
7 몸판에 밑단 천 달기
8 몸판에 후드 달기(28번만)

마름질 방법

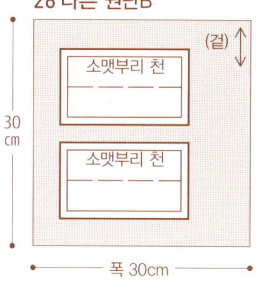
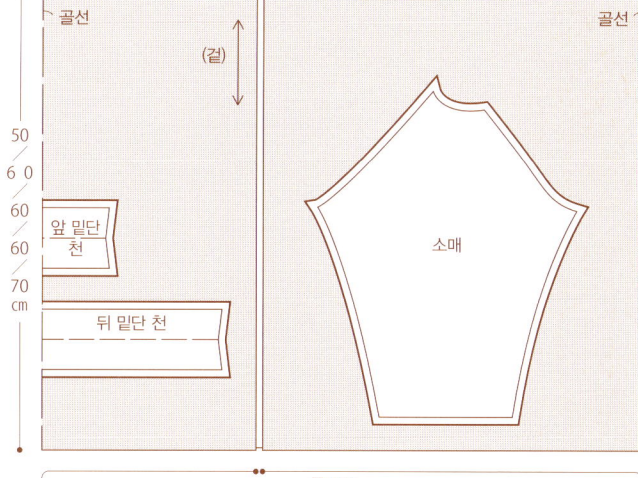
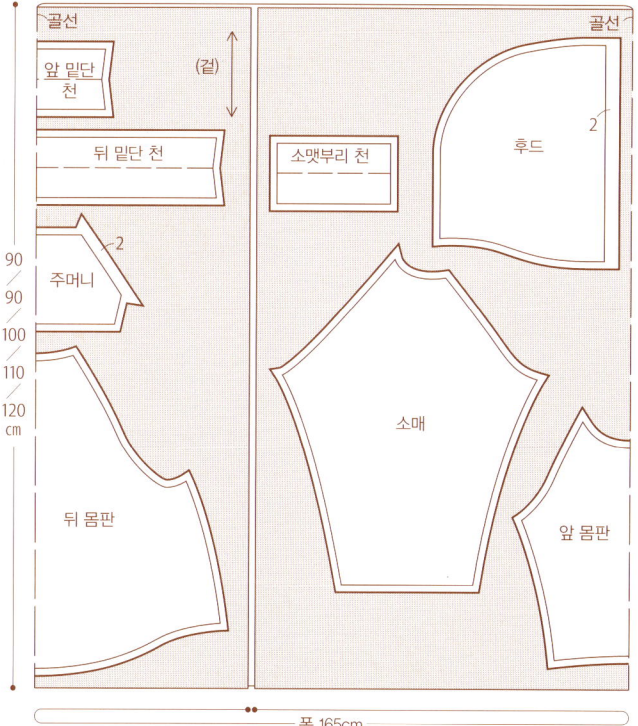

※ 지정된 것 이외에는 1cm로 시접
※ 숫자는 위에서부터 100/110/120/130/140

27 원단

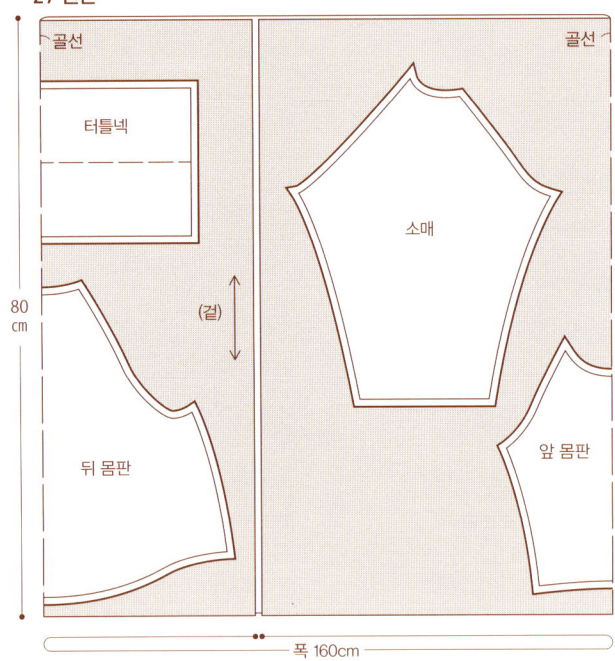

27 다른 원단

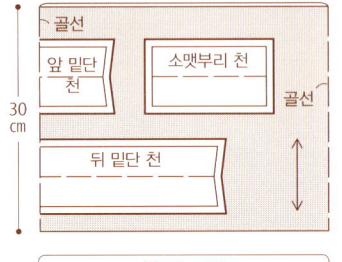

오버록 기본 설정
- 4본사 2본침
- 땀 기본값 6
- 땀 길이 2.5
- 차동 1.0(N)
- 칼날 고정
- 실 장력 4.4.4.4

※ 칼날을 고정으로 하는 경우에는 (L)로 기재

28 재봉 순서

1 후드 만들기(28번만)

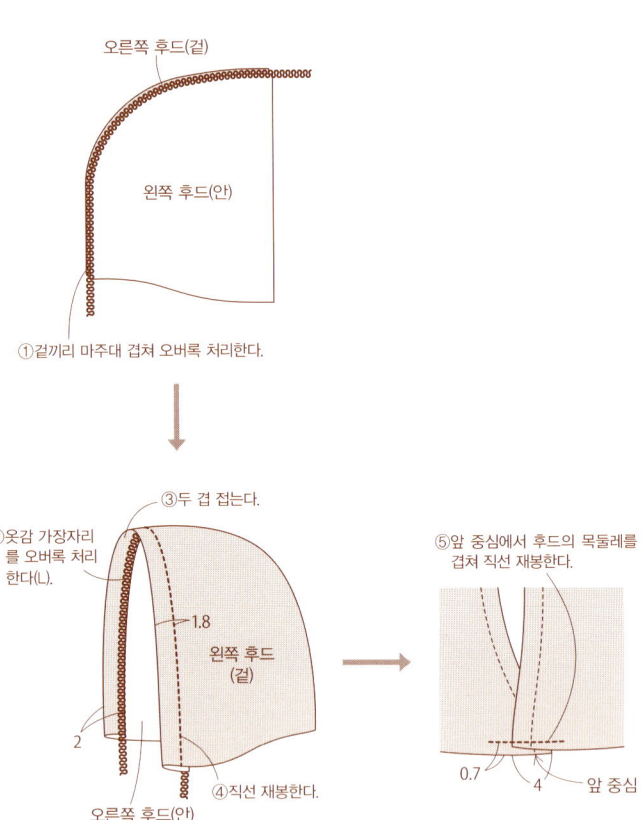

2 소맷부리 만들기

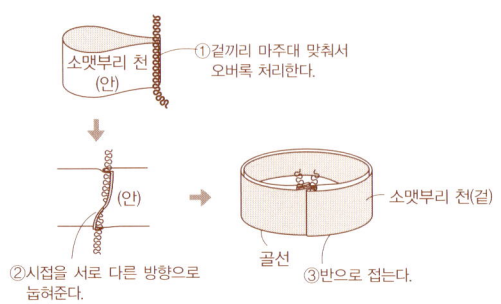

3 소매 만들어 소맷부리 달기

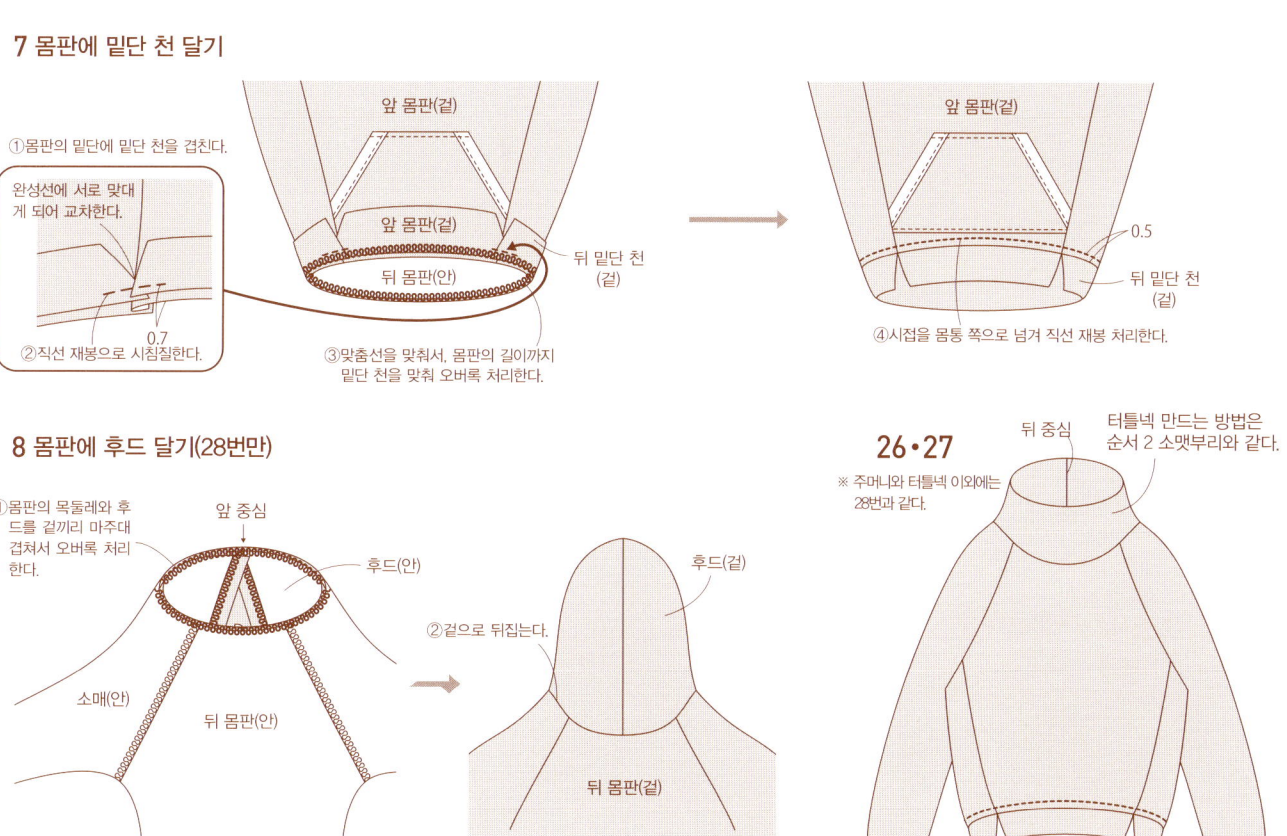

Pattern 12

*29 치마 레깅스
p.40 실물 크기 패턴 C면

재료 ※ 옷감 폭은 왼쪽부터 90/100/110/120/130/140
원단 – 이모생지 니트 폭 160cm X 30/30/30/40/40/50cm
다른 원단A – 베어 천축 폭 160cm X 60/60/60/60/70/70cm
다른 원단B – 스판 후라이스 폭 42cm W X 20cm (전사이즈 공용)
다른 원단B – 쟈카드 니트 폭 40cm X 25cm (전사이즈 공용)
납작 고무줄 폭 2cm 49/50/53/55/58cm
※ 허리 고무줄은 아이에 맞춰 조절한다.

*30 주름 스커트 레깅스
p.41 실물 크기 패턴 C면

재료 ※ 옷감 폭은 왼쪽부터 90/100/110/120/130/140
원단 – 붉은 천축 폭 160cm X 30/30/40/40/40/50cm
다른 원단A – 베어 천축 폭 160cm X 70/70/70/70/80/90cm
다른 원단B – 스판 후라이스 폭 42cm W X 20cm (전사이즈 공용)
납작 고무줄 폭 2cm 49/50/53/55/58cm
※ 허리 고무줄은 아이에 맞춰 조절한다.

29・30번에 공용
※ 레깅스는 신축성이 높은 중간 두께의 무지 원단을 사용한다.
오버록 재봉용 스판 실
니트용 재봉 실

재봉 방법 순서
1 레깅스 만들기
2 밑단 만들어, 레깅스에 달기
3 벨트 만들기
4 스커트 만들기
5 레깅스, 벨트, 스커트를 겹쳐 박기

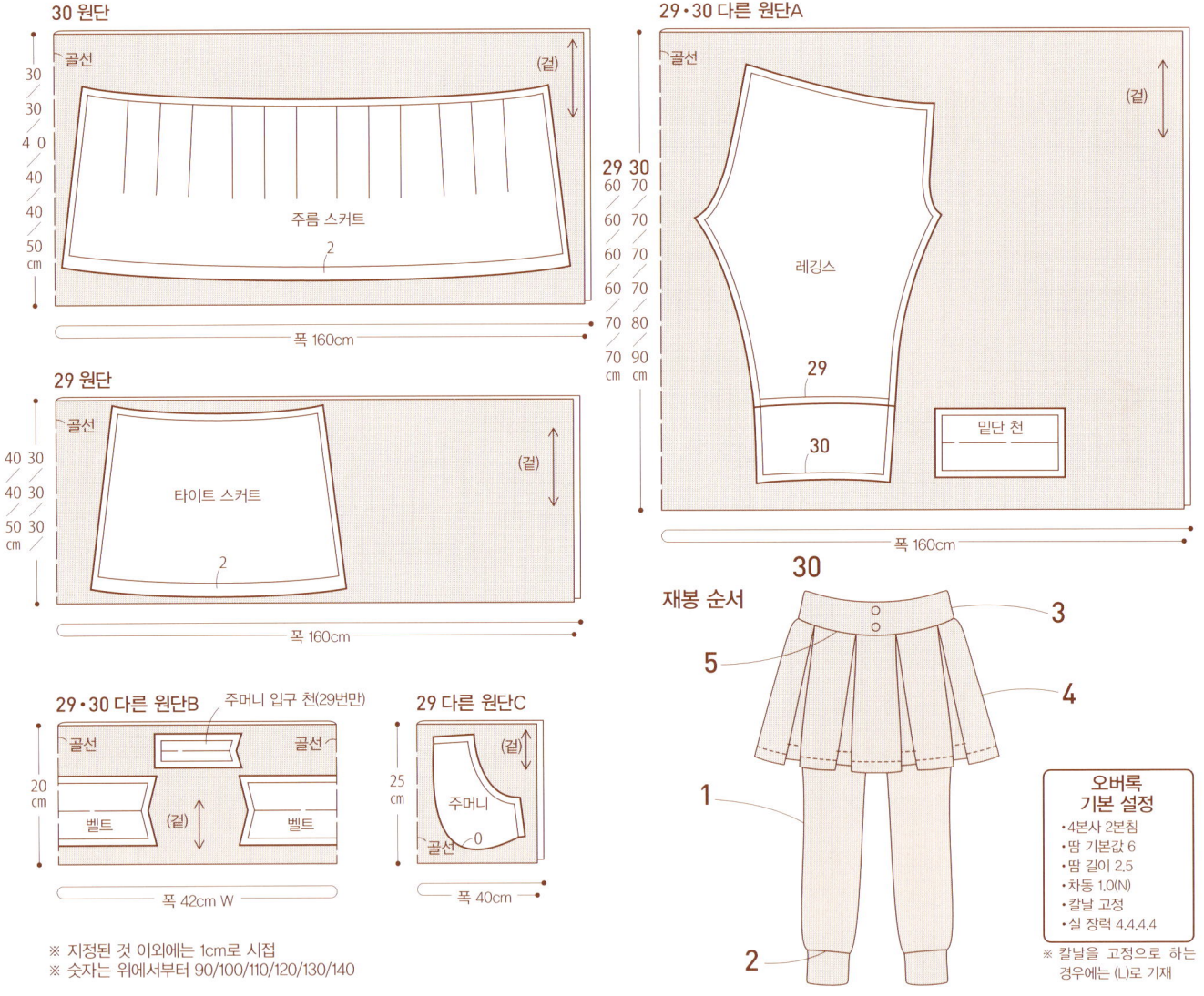

※ 지정된 것 이외에는 1cm로 시접
※ 숫자는 위에서부터 90/100/110/120/130/140

오버록 기본 설정
・4본사 2본침
・땀 기본값 6
・땀 길이 2.5
・차동 1.0(N)
・칼날 고정
・실 장력 4,4,4,4
※ 칼날을 고정으로 하는 경우에는 (L)로 기재

Pattern 13

*31 페이크 레이어드 팬츠
p.42 실물 크기 패턴 C면

재료 ※ 옷감 폭은 왼쪽부터 100/110/120/130/140
원단 – 이모생지 니트 폭 160cm X 50/50/60/60/70cm
다른 원단A – 자카드 니트 폭 80cm X 30/30/30/40/40cm
다른 원단B – 스판 후라이스 폭 42cm W X 40cm (전사이즈 공용)
납작 고무줄 폭 2cm 49/50/53/55/58cm
※ 허리 고무줄은 아이에 맞춰 조절한다.

*32 니트 팬츠
p.43 실물 크기 패턴 C면

재료 ※ 옷감 폭은 왼쪽부터 100/110/120/130/140
원단 – 이모생지 니트 폭 145cm X 50/50/60/60/70cm
다른 원단A – 자카드 니트 폭 40cm X 20/20/30/30/30cm
다른 원단B – 스판 후라이스 폭 42cm W X 40cm (전사이즈 공용)
납작 고무줄 폭 2cm 49/50/53/55/58cm
※ 허리 고무줄은 아이에 맞춰 조절한다.

31・32 번에 공용
오버록 재봉용 스판 실
니트용 재봉 실

재봉 방법 순서
P.46의 Process Lesson을 참고

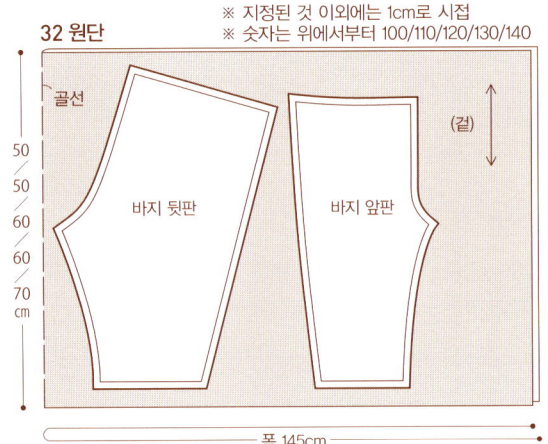
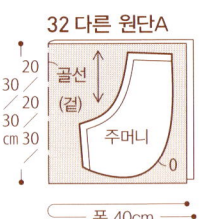
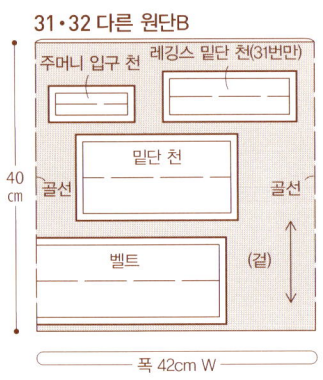
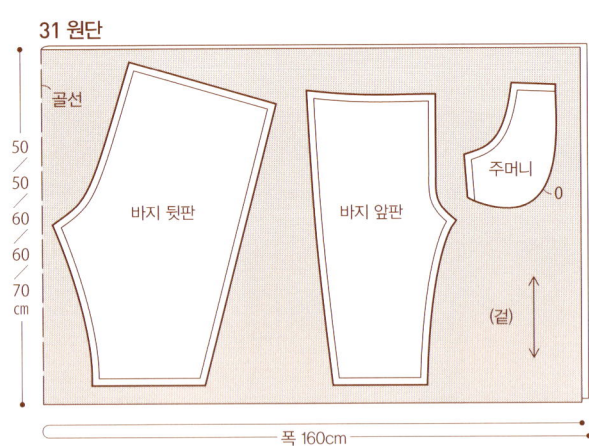
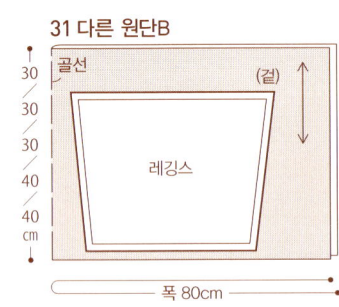
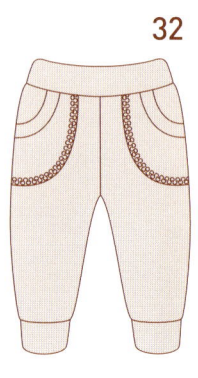
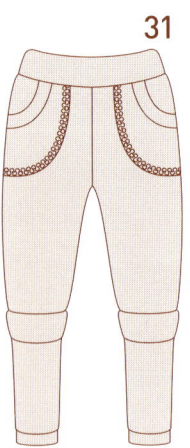

Pattern 14

*33 후드 코트
p.44 실물 크기 패턴 D면

재료 ※ 옷감 폭은 왼쪽부터
100/110/120/130/140
원단 – 압축 니트
 폭 130cm X 120/130/130/140/150cm
직경 2cm의 단추 4개

*34 성인용 후드 코트
p.44 실물 크기 패턴 D면

재료 ※ 옷감 폭은 왼쪽부터
100/110/120/130/140
원단 – 압축 니트
 폭 130cm X 240/240/250cm
직경 2cm의 단추 5개

*35 롱 가디건
p.45 실물 크기 패턴 D면

재료 ※ 옷감 폭은 왼쪽부터
100/110/120/130/140
원단 – 검은색 천축
 폭 160cm X 70/70/80/80/90
다른 원단 – 검은색 립
 폭 150cm X 40cm(전사이즈공용)
직경 1.7cm 똑딱이 단추 1쌍

*36 성인용 롱 가디건
p.45 실물 크기 패턴 D면

재료 ※ 옷감 폭은 왼쪽부터 S/M/L
원단 –그레이 접결 니트 원단
 폭 160cm X 150/150/160cm
다른 원단 – 그레이 립
 폭 150cm X 90cm(전사이즈공용)
직경 1.7cm 똑딱이 단추 1쌍
직경 2.3cm 장식용 단추 1개

33・34・35・36 번에 공용
늘어짐 방지 테이프,
접착 심지 적당량
오버록 재봉용 스판 실
니트용 재봉 실

재봉 방법 순서
각 페이지 참고

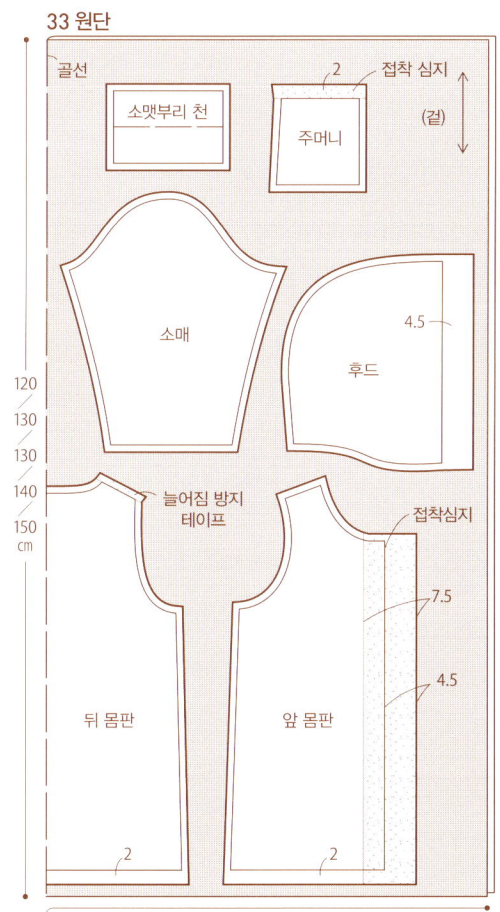

마름질 방법
33 원단
폭 130cm

※ 지정된 것 이외에는 1cm로 시접
※ 숫자는 위에서부터 100/110/120/130/140
※ ▒ 은 미끄럼 방지 테이프 또는 접착 심지를 붙인다.

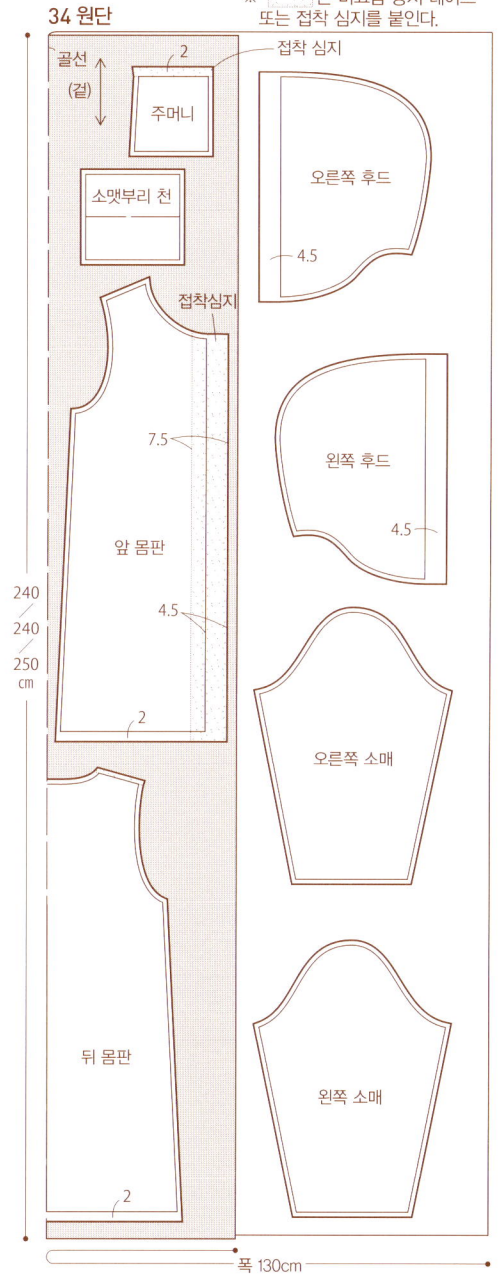

34 원단
폭 130cm

※ 지정된 것 이외에는 1cm로 시접
※ 숫자는 위에서부터 S/M/L
※ ▒ 은 미끄럼 방지 테이프 또는 접착 심지를 붙인다.

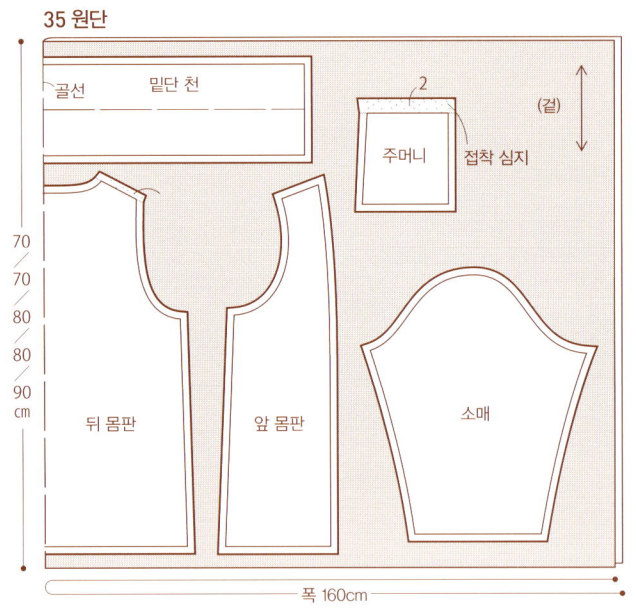

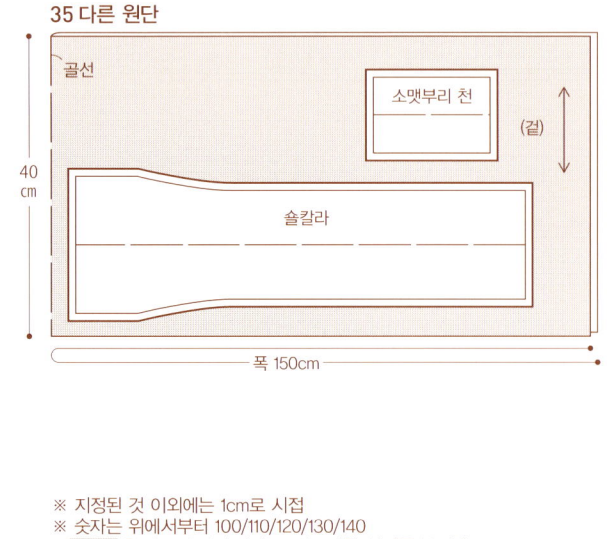

※ 지정된 것 이외에는 1cm로 시접
※ 숫자는 위에서부터 100/110/120/130/140
※ ▨ 은 미끄럼 방지 테이프 또는 접착 심지를 붙인다.

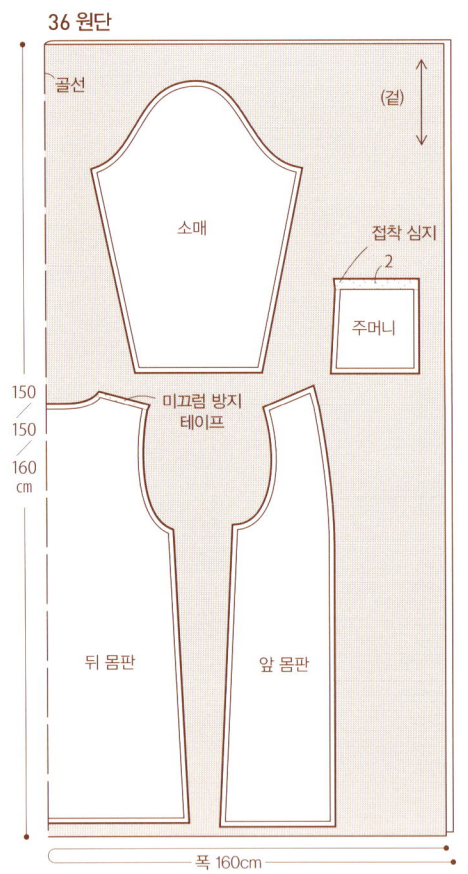

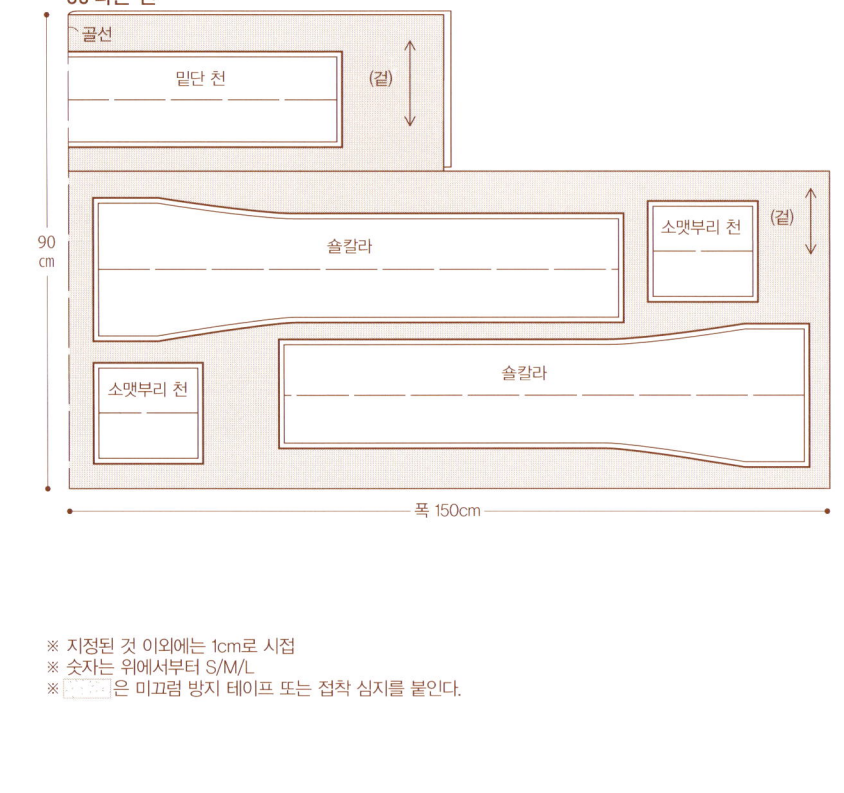

※ 지정된 것 이외에는 1cm로 시접
※ 숫자는 위에서부터 S/M/L
※ ▨ 은 미끄럼 방지 테이프 또는 접착 심지를 붙인다.

재봉 순서

오버록 기본 설정

- 4본사 2본침
- 땀 기본값 6
- 땀 길이 2.5
- 차동 1.0(N)
- 칼날 고정
- 실 장력 4.4.4.4

※ 칼날을 고정으로 하는 경우에는 (L)로 기재

1 주머니 달기

2 앞 몸판에 주머니 달기

3 어깨 봉하기

4 몸판에 소매 달기

※ 오른쪽 소매도 같은 방법으로 한다.

5 소매 아래, 옆을 이어서 봉하기

※ 오른쪽도 같은 방법으로 한다.

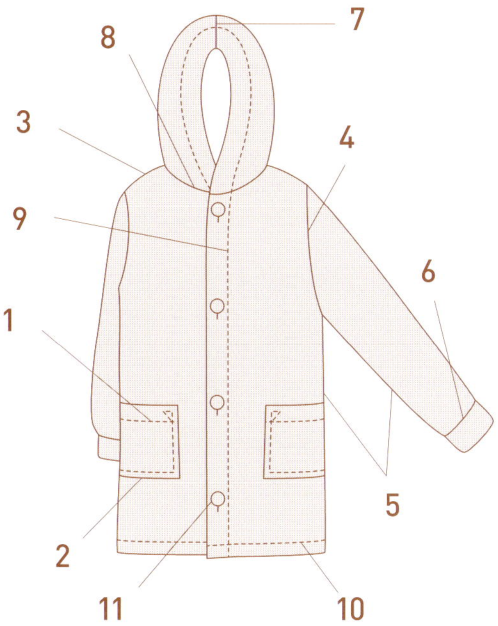

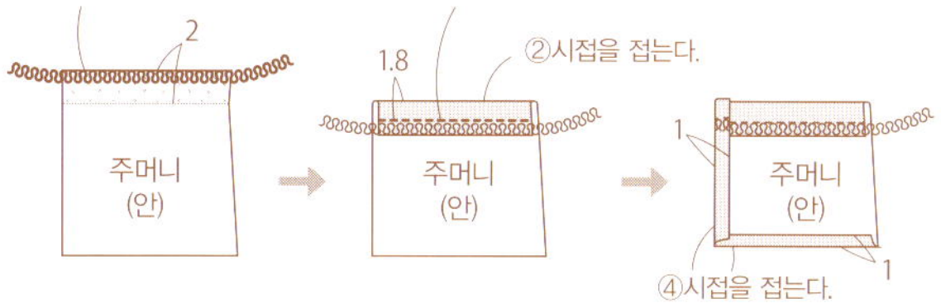

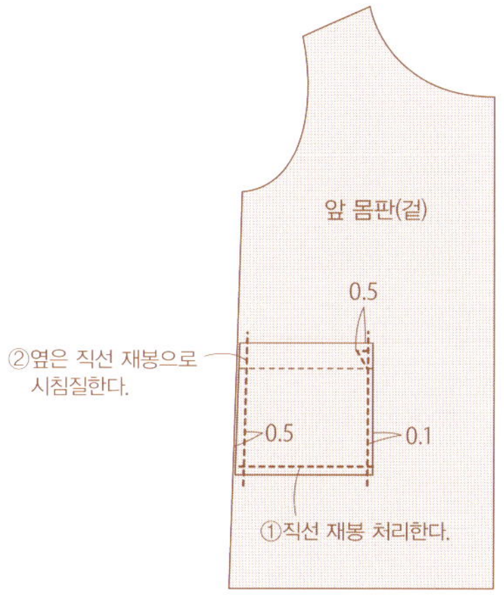

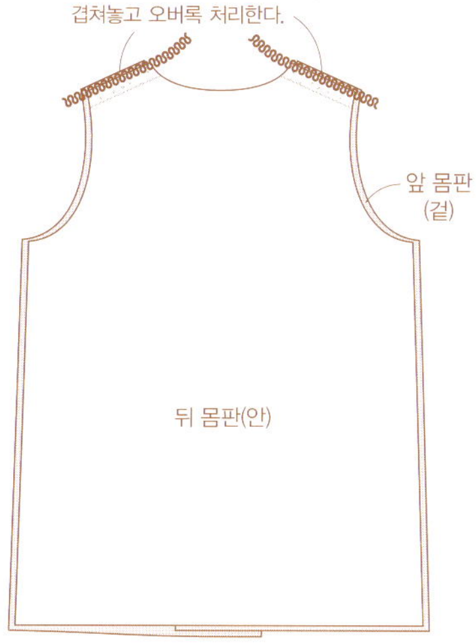

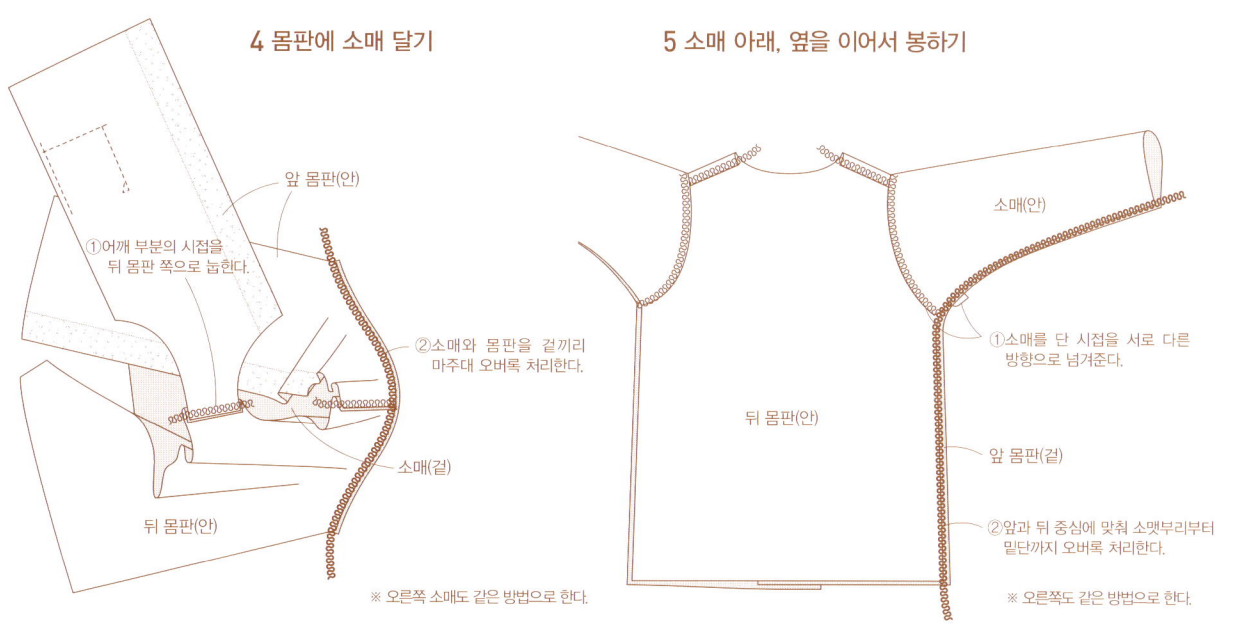

6 소맷부리를 만들어, 소매 달기

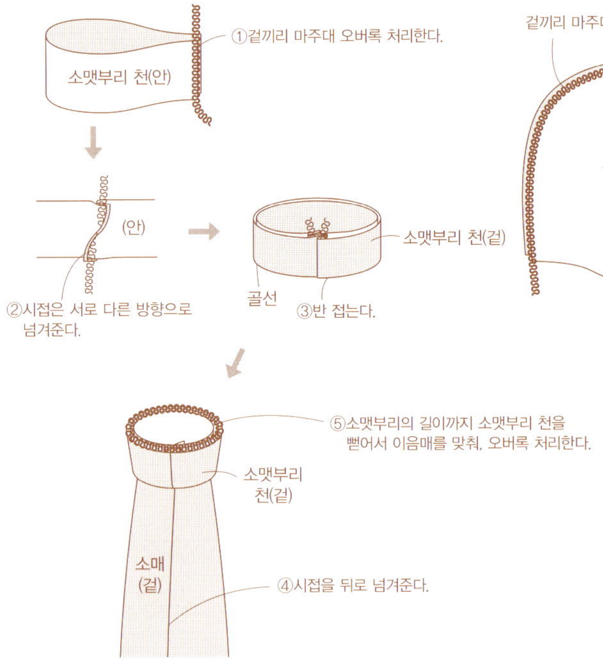

① 겉끼리 마주대 오버록 처리한다.

소맷부리 천(안)

② 시접은 서로 다른 방향으로 넘겨준다.

(안)

골선

③ 반 접는다.

소맷부리 천(겉)

⑤ 소맷부리의 길이까지 소맷부리 천을 뻗어서 이음매를 맞춰, 오버록 처리한다.

소맷부리 천(겉)

소매 (겉)

④ 시접을 뒤로 넘겨준다.

7 후드 만들기

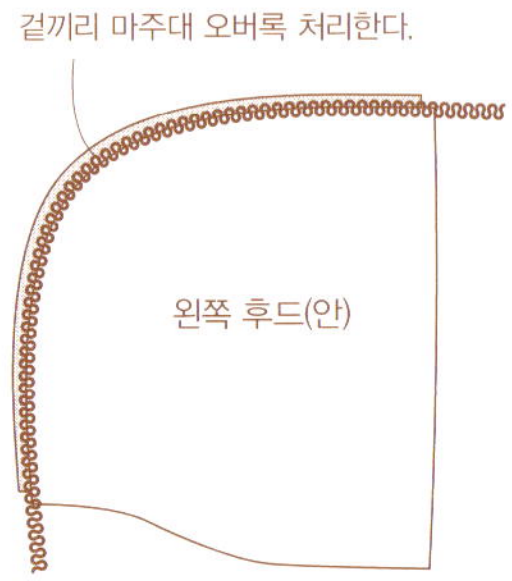

겉끼리 마주대 오버록 처리한다.

왼쪽 후드(안)

8 후드를 몸판에 달기

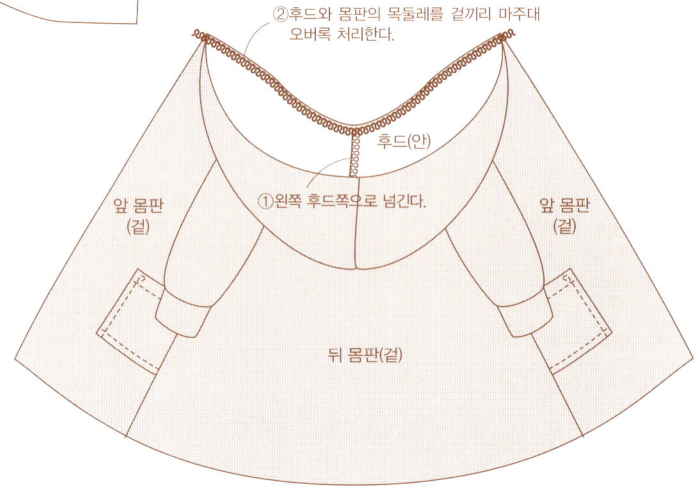

② 후드와 몸판의 목둘레를 겉끼리 마주대 오버록 처리한다.

후드(안)

① 왼쪽 후드쪽으로 넘긴다.

앞 몸판 (겉)

앞 몸판 (겉)

뒤 몸판(겉)

9 윗가장자리 봉하기 · 10 밑단 봉하기

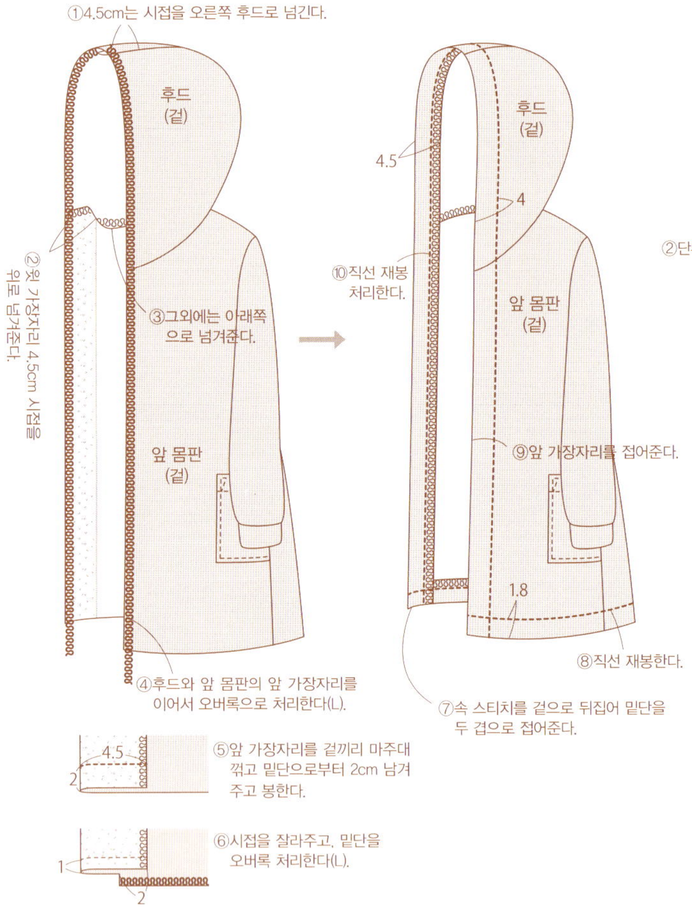

① 4.5cm는 시접을 오른쪽 후드로 넘긴다.

후드 (겉)

② 윗 가장자리 4.5cm 시접을 위로 넘겨준다.

③ 그외에는 아래쪽으로 넘겨준다.

앞 몸판 (겉)

4.5

4

후드 (겉)

⑩ 직선 재봉 처리한다.

앞 몸판 (겉)

⑨ 앞 가장자리를 접어준다.

1.8

⑧ 직선 재봉한다.

⑦ 속 스티치를 겉으로 뒤집어 밑단을 두 겹으로 접어준다.

④ 후드와 앞 몸판의 앞 가장자리를 이어서 오버록으로 처리한다(L).

4.5

2

⑤ 앞 가장자리를 겉끼리 마주대 꺾고 밑단으로부터 2cm 남겨 주고 봉한다.

1

2

⑥ 시접을 잘라주고, 밑단을 오버록 처리한다(L).

11 단춧구멍 만들고 단추 달기

② 단추를 단다.

① 단춧구멍을 만든다.

34

단추 5개

※ 여성용은 오른쪽을 앞으로 한다.

재봉 순서

7 숄칼라 만들기

① 겉끼리 마주대 겹쳐서 오버록 처리한다.

② 시접을 서로 다른 방향으로 눕혀준다.

몸판과 숄칼라를 3장 겹쳐 오버록 처리한다.

③ 반으로 접는다.
- 골선
- 숄칼라(겉)
- 뒤 중심

8 몸판에 숄칼라 붙이기
- 뒤 몸판(안)
- 숄칼라(겉)
- 바지 주름선
- 앞 몸판(겉)
- 골선

오버록 기본 설정
- 4본사 2본침
- 땀 기본값 6
- 땀 길이 2.5
- 차동 1.0(N)
- 칼날 고정
- 실 장력 4.4.4.4

※ 1~6번은 79, 80페이지 참고

9 옷단의 립을 만들고, 몸판에 붙이기

② 오버록 처리한다.
- 밑단 천(안)
- 골선
① 반으로 접는다.

- 밑단 천(겉)
- 골선

③ 겉으로 뒤집는다.

- 숄칼라
- 앞 몸판(겉)
- 뒤 몸판(겉)
- 골선
- 골선
- 골선
- 밑단 천(겉)

④ 시접을 앞 몸판쪽으로 넘겨준다.

⑤ 몸판의 길이에 밑단 천을 맞춤점까지 맞춰 늘어뜨려서, 오버록 처리한다.

- 뒤 몸판(겉)
- 1.5cm
- 0.5
- 옷단 립(겉)

⑥ 시접을 위로 넘겨 1.5cm만큼 직선 재봉 처리한다.

10 똑딱이 단추 달기

35

똑딱이 단추를 달아준다(암컷). 똑딱이 단추를 달아준다(수컷).

36

똑딱이 단추를 단 곳 위에 장식용 단추를 달아준다.

81

오비쿠 미싱으로 간편하게 만드는

우리 아이
예쁜 옷 만들기

1판 1쇄 발행 2018년 1월 31일
1판 2쇄 발행 2020년 6월 8일

저 자 | 후쿠나가 시즈
역 자 | 이연심
발 행 인 | 김길수
발 행 처 | 영진닷컴
주 소 | (우)08505 서울 금천구 가산디지털2로 123
월드메르디앙벤처센터 2차 10층
등 록 | 2007. 4. 27. 제16-4189호

ⓒ2018., 2020. ㈜영진닷컴

ISBN | 978-89-314-5680-6

이 책에 실린 내용의 무단 전재 및 무단 복제를 금합니다.
도서문의처 | http://www.youngjin.com